GÄRTEN

in Frankreich

Patrick Taylor

GÄRTEN
in Frankreich

Ein Reiseführer zu
den schönsten Gartenanlagen

Aus dem Englischen von Wolfgang Hensel

Birkhäuser Verlag
Basel · Boston · Berlin

A ma mère
„Heureux qui, comme Ulysse, a fait un beau voyage“

Die englische Originalausgabe erschien 1998 unter dem Titel „Gardens of France. A touring guide to over 100 of the best gardens“ bei Mitchell Beazley, an imprint of Octopus Publishing Group Ltd, Michelin House, 81 Fulham Road, London SW36RB.

Die Deutsche Bibliothek – CIP-Einheitsaufnahme
Taylor, Patrick:
Gärten in Frankreich : ein Reiseführer zu den schönsten Gartenanlagen / Patrick Taylor. Aus dem Engl. von Wolfgang Hensel. – Basel ; Boston ; Berlin : Birkhäuser, 1999
Einheitssacht.: Gardens of France <dt.>
ISBN 3-7643-6005-4

Umschlaggestaltung: Atelier Jäger, D-88682 Salem
Gedruckt auf säurefreiem Papier, hergestellt aus chlorfrei gebleichtem Zellstoff. ∞

Seite 1: Palais de la Berbie
Innentitel: Château de Chenonceau
Seite 5: Château de Canon

Printed in China.

ISBN 3-7643-6005-4

9 8 7 6 5 4 3 2 1

Inhalt

Wie man dieses Buch benutzt **6**

Vorwort **7**

Einleitung **8**

Nordfrankreich **12**

Ile-de-France und Umgebung **50**

Paris **88**

Zentral- und Südwestfrankreich **102**

Südostfrankreich **124**

Glossar und biographische Angaben **141**

Register **142**

Danksagung **144**

Bildnachweis **144**

Wie man dieses Buch benutzt

Dieses Buch wendet sich an Reisende, die historische und besonders schöne Gärten in Frankreich besuchen möchten. In fünf Kapiteln wird jeweils eine Region Frankreichs beschrieben. Jedes Kapitel beginnt mit einer Einführung, einer Karte und einer Liste der Gärten, die im Folgenden ausführlich behandelt werden. Zu jedem Garten finden Sie eine ausführliche Kurzinformation mit typischen Merkmalen und lohnenden Zielen in der Umgebung. Daneben enthält der Reiseführer fünf „Typengärten“, die durch dreidimensionale Pläne vorgestellt werden.

Liste der Gärten

Karte mit Reiserouten, Gärten und allgemeiner Lage

Legende zu Straßen, Städten und Reiserouten

Fotos zeigen typische Aspekte

Gartenplan

Die laufende Nummer finden Sie auf dem Plan am Kapitelanfang

Öffnungszeiten des Gartens

Öffnungszeiten des Gebäudes

Adresse/Telefon für nähere Information

Sehenswertes in der Nähe

Name des Gartens

Lage

Informationen über den Garten

Zeichenerklärung

- Eintritt kostenpflichtig
- Restauration in der Nähe
- Formaler (Französischer) Garten
- Landschaftsgarten
- Herausragendes Gebäude
- Historischer Garten
- Küchen-/Kräutergarten
- Botanisch interessante/seltene Pflanzen
- Formschnitt
- Rabatten
- Wasserspiele
- Architektonische oder Zierelemente

Vorwort

Daß alle Französischen Gärten streng formal gestaltet, von Formschnitt und mißhandelten Bäumen geprägt sind, ist eine Legende. Natürlich wirkten die formalen Gärten des 17. Jahrhunderts – allen voran Versailles – prägend auf den französischen Charakter. Der französische Charakter, das weiß jeder, der Frankreich gut kennt, ist jedoch sehr komplex und läßt sich nicht mit Hilfe einiger weniger Klischees erklären. Zwei traditionelle Gartenformen scheinen mir allerdings bemerkenswert, der Barock- und der städtische Garten. Allerdings gleicht das dem Versuch, Claret und Burgunder zu den besten französischen Weinen zu erklären – eine schreckliche Halbwahrheit. Im Garten- wie im Weinbau hat Frankreich eine wunderbar lebendige und vielgestaltige Tradition. Die Auswahl dieses Buches spiegelt hoffentlich diese Vielfältigkeit wider. In keinem Land der Erde findet man Gärten wie den modernistischen der Villa Noailles (siehe S. 129), das historische Arboretum von Chèvreloup (siehe S. 59), den *potager* von Villandry (siehe S. 46–49), den futuristischen Parc de la Villette (siehe S. 101) und die hohegärtnerische Leistung, die sich in Kerdalo zeigt (siehe S. 26).

Der Rosengarten von Bagatelle im Bois de Boulogne (frühes 20. Jahrhundert).

Einleitung

Erste Einblicke in die französische Gartenkunst verdanke ich meiner französischen Großmutter, die mich als Kind 1946 in den Champs de Juillet von Limoges mitnahm. Seit damals habe ich öffentliche und private Gärten im ganzen Land gesehen. Von April bis September 1996 habe ich gezielt Gärten besichtigt, alte Lieblinge wieder besucht, neue entdeckt und mich in die Welt der Gärten vertieft. Dieses Buch stellt eine persönliche Auswahl dar, und obwohl ich eine oder zwei hübsche Kapricen (wie das unvergeßliche Maison Picassiette in Chartres [siehe S. 58], das manche kaum als Garten bezeichnen würden), mit aufgenommen habe, dürfte das Buch alle wichtigen großen Gärten enthalten.

Im Bois des Moutiers in der Normandie steht ein Haus von Lutyens in einem Garten von Jekyll – dazu eine Prise französischen Geschmacks.

Großartige Gärten wie der von Versailles (siehe S. 80–83) oder Vaux-le-Vicomte (siehe S. 79) sind nicht nur unverzichtbar für das Verständnis französischer Gartengeschichte, sondern auch prachtvolle Ziele. Daneben hoffe ich, die ganze Bandbreite französischer Gärten berücksichtigt zu haben. Der Jardin Dumaine in Luçon (siehe S. 117) in der Vendée, mit seinen exquisiten Formschnitten und makelloser *mosaïculture* an der Grenze zum Kitsch, gehört ebenso zur französischen Gartenkunst wie die eindrucksvollen Landschaften von André Le Nôtre.

Ich halte die barocken Gärten des 17. Jahrhunderts und ihre späteren Nachfolger, die öffentlichen Gärten, für die wichtigsten Ausprägungen der Gartenkunst. Letztere existieren in einer Vielzahl von Stilen, vom Jardin de la Fontaine in Nîmes (siehe S. 134) – 18. Jahrhundert, aber römischen Ursprungs – bis zum glänzenden Parc André Citroën in Paris (siehe S. 94–95). Etwas Vergleichbares findet man in keinem Land der Welt.

Es wäre ein zweckloses Unterfangen, Gärten nach ihrer Schönheit zu gliedern. Hoffentlich läßt sich aus der Wärme meiner Beschreibungen ablesen, welche Gärten mir besonders am Herzen liegen. Ich habe auch einige weniger gepflegte Gärten, meist privater Natur, aufgenommen. Sie sind entweder von großem historischem Wert oder überzeugen gerade wegen ihrer romantischen Nachlässigkeit.

Klima, Geographie und Geschichte bestimmen maßgeblich die Gartengeschichte eines Landes. In Frankreich gibt es viele Klimaregionen: das milde Mittelmeer, die schneebedeckten Berge und Almen der Hautes-Alpes und die hohen Niederschläge und das milde Klima der Bretagne und Normandie. In Frankreich wachsen etwa 4000 einheimische Blütenpflanzen, dazu kommen jedoch viele Zehntausende exotischer Arten aus aller Welt, die sich in dem Klima wohlfühlen.

Dank seiner Lage gehört Frankreich zu den großen Seefahrernationen. Die wichtigen Häfen liegen an Mittelmeer, Atlantik und der Kanalküste – Einfallstore für einen ständigen Strom neuer Pflanzen. Von Ludwig XV. stammt der Befehl (1726), daß die „Schiffskapitäne von Nantes Samen und Pflanzen aus den Überseekolonien mitbringen sollen“.

Diana als Jägerin am Château des Champs – ein brillant restaurierter Garten des 17. Jahrhunderts.

Das heitere Château de Courson (17. Jahrhundert) überblickt einen Garten mit prächtigen Bäumen um einen See.

Im 17. Jahrhundert kamen viele neue Pflanzen aus den nordamerikanischen Kolonien, während die Forschungsreisenden Père David und Abbé Delavay im 19. Jahrhundert köstliche Pflanzen aus China ins Land brachten. Dynastien von Gärtnern – René Morin im 17. und die Familie Vilmorin ab dem 18. Jahrhundert – versorgten den Handel ständig mit neuen Pflanzen.

Die Klöster des Mittelalters waren wegbereitend bei der Pflege und dem Studium der Pflanzen. In der Abbaye Royale de Fontevraud (siehe S. 25) ist ein wiedererstandener mittelalterlicher Garten zu sehen, der den hohen Stand der Gartenkunst jener Zeit demonstriert. Mit der Heirat von Heinrich II. mit Katharina von Medici (1533) begann der italienische Einfluß auf den Gartenbau. So führte Frankreich als erstes Land außerhalb Italiens die neuen Architektur- und Gartenideen ein. Die Harmonie und Ausgewogenheit der Renaissance prägte im folgenden Jahrhundert die Arbeiten von Le Nôtre. Im 18. Jahrhundert gewann der englische Landschaftsgarten großen Einfluß. Es entstanden nicht nur solche Meisterwerke wie der Parc Jean-Jacques Rousseau (siehe S. 75), sondern verschwanden leider auch zahllose formale Gärten aus früherer Zeit. Henri und Achille Duchêne gaben einigen davon im späten 19. und frühen 20. Jahrhundert das Aussehen des 17. Jahrhunderts zurück.

Mit der enormen Ausbreitung der Städte im 19. Jahrhundert entstanden überall in Frankreich öffentliche Parks. Neben einigen tadellos restaurierten Parks des 19. Jahrhunderts wurden auch ganz neue, wie der Parc de la Villette in Paris (siehe S. 101), eingerichtet. Auch wenn der *jardin à la française* zu Recht als typisch für die geniale Gartenkunst Frankreichs gilt, ist er bei weitem nicht die einzige französische Gartenform.

Die Pergola im Bois des Moutiers verbindet die Umfassungsmauer mit dem südlichen Hausflügel.

Die Gärten

1 Château d'Angers
2 Parc Floral d'Apremont
3 Château de Balleroy
4 Bourges: Jardin de l'Archevêché
5 Bourges: Jardin des Prés-Fichaux
6 Château de Brécy
7 Caen: Jardin des Plantes
8 Château de Canon
9 Château de Caradeuc
10 Château de Chenonceau
11 Cherbourg: Parc Emmanuel Liais
12 Jardin Public de Coutances
13 Dunkerque: Jardin du Musée d'Art Contemporain
14 Abbaye Royale de Fontevraud
15 Kerdalo
16 Château de Langeais
17 Parc Oriental de Maulévrier
18 Château de Miromesnil
19 Mont-Saint-Michel: Jardin du Cloître
20 Le Bois des Moutiers
21 Nantes: Parc de la Beaujoire
22 Nantes: Jardin des Plantes
23 Orléans: Parc Floral de la Source
24 Les Jardins du Prieuré Notre-Dame-d'Orsan
25 Château du Pin
26 Jardins de Plantbessin
27 Rennes: Parc du Thabor
28 Parc de Richelieu
29 Château de Sassy
30 Thury-Harcourt: Château d'Harcourt
31 Tours: Jardin Botanique
32 Château d'Ussé
33 Le Vasterival
34 Vernon: Château de Bizy
35 Château de Villandry

Legende

Autobahnen
Wichtige Fernstraßen
Gärten
Größere Städte
Kleinere Orte

Gartenreisen

Südliche Tour: 14, 32, 16, 35, 31
Nördliche Tour: 26, 6, 7, 8, 30, 3

Nord-frankreich

Das günstige Mikroklima an den Küsten von Bretagne und Normandie hat die Gartengestaltung maßgeblich bestimmt, denn es erlaubt auch die Zucht empfindlicher Pflanzen – dennoch gleicht es keinesfalls dem Klima der Côte d'Azur. Da die Niederschläge hier im Norden hoch sind, ist es kein „Kaktusland“, eignet sich aber hervorragend zum Anbau der asiatischen Blütensträucher, die den Gartengeschmack des 19. Jahrhunderts so verändert haben: Kamelien, Magnolien und Rhododendren. Sie gedeihen in Gärten wie Kerdalo (siehe S. 26) an der bretonischen Küste, Le Vasterival (siehe S. 44) und Le Bois des Moutiers (siehe S. 30–33) in der Normandie. Der Wind ist der Feind aller Küstengärten, daher sind in Tälern oder durch Wälder geschützte Gärten besonders begünstigt. Ganz ohne solchen Schutz kommt das Musée d'Art Contemporain (siehe S. 24) in Dunkerque (Dünkirchen) aus. Hier wachsen Küstenpflanzen unter natürlichen Bedingungen in Sand.

In der Region gibt es zahlreiche öffentliche Gärten – nur wenige Städte haben keinen *jardin des plantes*. Manche sind von außergewöhnlicher Qualität, wie z. B. der von Nantes (siehe S. 35), der zudem hervorragend gepflegt wird.

Eine elegant bemalte Brücke sorgt im reich bepflanzten Garten von Apremont für eine orientalische Note.

Andere gefallen mir wegen ihrer originellen Einfälle besonders gut. Im lebhaft gestalteten, formalen Jardin Public in Coutances (siehe S. 24) wurden Beetpflanzen zu Cartoonfiguren angeordnet.

Im ruhigen Hinterland der Normandie mit seinen bewaldeten Tälern und fruchtbaren Böden, das auf eine lange Tradi.tion der Herrenhausgärten zurückblickt, findet man Gärten von besonderem Charakter, viele davon noch immer in privater Hand. Das Château de Canon bei Caen (siehe S. 21) vermischt Elemente des englischen Landschaftsgartens mit dem dekorativen Prunk Frankreichs. Das Château de Brécy (siehe S. 19) prunkt mit einem formalen Terrassengarten von atemberaubender Schönheit. An der Orne, südlich von Caen, bezieht der Garten des Château d'Harcourt (siehe S. 41) das nahe Flußufer in Form prächtiger Spazierwege ein. Etwas weiter südlich, im Château de Sassy, erstreckt sich unterhalb der Schloßmauern ein virtuoser *jardin à la francaise.*

Das fruchtbare Schwemmland des Loiretals erlaubt seit Jahrhunderten einen intensiven Ackerbau. Hier entstanden Klöster, von denen die Abbaye Royale de Fontevraud (siehe S. 25) überlebt hat. Die mittelalterlichen Pflanzen machen den besonderen Reiz dieses Gartens aus. An den Ufern der Loire entstanden prachtvolle Schlösser; hier findet man einige der besten und attraktivsten Bauwerke Frankreichs. Wer kann dem Château de Chenonceau (siehe S. 22–23) widerstehen, dessen helle Steinbögen den Cher überspannen? Das Loiretal war lange berühmt für seine Küchengärten, die in den Parterres des Château de Villandry (siehe S. 46–49) zur hohen Kunst erhoben werden. Eine Reise von Orléans nach Saint-Nazaire an der bretonischen Südküste, wo die Loire in den Atlantik mündet, bietet wunderbare Landschaften, großartige Schlösser und prächtige Gärten.

Das Renaissanceschloß Villandry und sein formaler Gemüsegarten aus dem 20. Jahrhundert

Château d'Angers

In der Stadtmitte

Die mächtige Burg des 13. Jahrhunderts mit ihren wuchtigen Ecktürmen erhebt sich mitten in der Stadt am Ufer der Maine. Sie wurde von Ludwig dem Heiligen (König Ludwig IX.) erbaut, der hier die Anregungen der Kreuzfahrerburgen aufnahm, die er während des 7. Kreuzzuges (1248–1254) im Heiligen Land gesehen hatte.

Rasen und virtuos gestaltete Sommerbeete im trockengelegten Wassergraben haben den Charme städtischer Anlagen. Formschnitt und Hecken aus Buchsbaum rahmen farbenprächtige, fächerförmige Beete ein. Man kann sie von außen betrachten, ohne Eintritt bezahlen zu müssen. Der wichtigste Garten liegt jedoch in der Burg. Im Haupthof – die Mauern sind mit Kletterpflanzen bewachsen – bilden sechs von niedrigen Buchshecken gesäumte Rasenquadrate ein monumentales Parterre. Jeweils in der Mitte wurde aus beschnittener Eibe eine längliche Krone geformt. Der hübscheste Garten liegt jedoch etwas versteckt auf den Wällen. Hier kontrastieren leichte und wunderschön angeordnete Zierpflanzen mit den harten Mauern der Burg: Ein blütenreiches Parterre mit Kieswegen und niederen Hecken aus Heiligenkraut und Buchs ist mit Wolken weißer *Gaura lindheimeri*, blauem *Ceratostigma plumbaginoides* und hellrosa *Lavatera* 'Barnsley' bepflanzt. In anderen Rabatten wachsen graublättrige *Perovskia atriplicifolia*, deren stahlblaue Blüten mit hellgelben Lilien harmonieren. In einem von Buchs gesäumten Rechteck wachsen quadratisch gepflanzte *Artemisia* 'Powis Castle', Katzenminze und Weinraute. Kleine Zierbäume spenden Schatten – eine Reihe Mispeln und eine wundervolle *Koelreuteria paniculata* drängen sich an den Ecken der Wälle.

In der Nähe, an der Stelle des früheren königlichen Weingartens, stehen einige neue Weinstöcke. Sollte es jemals Wein vom Château d'Angers geben, dürfte er zu den exklusivsten der Welt gehören.

März bis Palmsonntag, tägl. 9.30–12.30 u. 14–18; Palmsonntag bis Mai, tägl. 9.30–12.30 u. 14–18.30; Juni bis 15. Sept., tägl. 9.30–12.30 u. 14–18.30; 16. Sept. bis Okt., tägl. 9.30–12.30 u. 14–18; Nov. bis Feb., tägl. 9.30–12.30 u. 14–17.30

wie oben

Weitere Informationen:
2, Promenade du Bout-du-Monde
Tel.: 02 41 86 81 94
Fax: 02 41 87 17 50

Sehenswertes in der Nähe:
Angers (Altstadt), Saumur (Schloß, Musée des Arts Décoratifs)

Ein blühendes Parterre hoch auf den Mauern bildet einen reizvollen Kontrast zu den Wällen der Burg.

2 *Parc Floral d'Apremont*

56 km südostlich von Bourges, in der Ortsmitte

Der Parc Floral wurde 1971 von Gilles de Brissac angelegt und gehört zu den schönsten Blumengärten Frankreichs. Um ein Stein- und Ziegelhaus entfaltet sich ein Blütenmeer. Am Eingang liegt ein Staudenbeet vor einer monumentalen Hecke aus Hainbuche, die zu breiten Pfeilern mit je einer Kugel darauf beschnitten wurde. Gegen die Hecke heben sich Päonien, Ziermohn, Steppenkerzen (*Eremurus*), zierliche *Thalictrum flavum glaucum*, Alstroemerien und gelbe Taglilien lebendig ab. Zwischen blutroten Päonien erheben sich rosa Steppenkerzen, Storchschnäbel, Rosen, Bartnelken und glänzendblättrige *Baptisia australis*.

Über einem Rasenhang wachsen dicht Zierbäume, und eine geschwungene Rabatte ist mit kräftigen Sträuchern bepflanzt. In der Nähe rauscht eine Kaskade, die sich in einen See ergießt. Der orientalische Anstrich einer chinesisch inspirierten Brücke wird durch Wacholder – im japanischen Stil zu ‚Pudeln' beschnitten – und markante Felsblöcke am Seeufer noch gesteigert.

Auf dem Weg zurück zum Eingang passiert man eine weitere Rabatte. Unter einer Hainbuchenhecke, die zu aufstrebenden, spitzen Zinnen getrimmt wurde, wachsen weißblühende Hakenlilien, Storchschnäbel, Päonien und Rosen.

Palmsonntag bis letzter So. im Sept., tägl., 10–12 u. 14–19
wie oben, tägl., 14–18 (So. 14–17)

Weitere Informationen:
Apremont-sur-Allier,
18150 La Guerche-sur-l'Aubois
Tel.: 02 48 80 41 41
Fax: 02 48 80 45 17

Sehenswertes in der Nähe:
Cathédrale de Saint-Etienne

Die chinesisch inspirierte, rote und grüne Brücke.

3 *Château de Balleroy*

10 km südwestlich von Bayeux, Ortsmitte

Das Schloß wurde zwischen 1616 und 1636 von François Mansart im eleganten Stil der französischen Renaissance erbaut. Es gehörte zur Theorie der Renaissancegärten, Haus und Garten an eine Achse zu binden. Diese Idee wird hier erweitert und beides in die umgebende Landschaft integriert. Die Hauptstraße des Ortes Balleroy, östlich des Schlosses, läuft als Achse auf das Schloß zu. Sie wird von Silberlinden (*Tilia tomentosa*) gesäumt, die zu Kopfbäumen beschnitten sind. Die fallende und steigende Straße verbirgt das Schloß, das ganz plötzlich in der Entfernung auftaucht.

Die Achse führt in den Ehrenhof. Dort sieht man zwei *parterres de broderie*; Muster aus beschnittenem Buchs erheben sich über silbergrauen Kies, während die Mitte und die schmalen Randstreifen kontrastierend mit rotbraunem Kies ausgestreut wurden. Blumen gibt es keine, doch die nüchternen Parterres bilden eine perfekte Kulisse für das Haus.

2. Mai bis 15. Okt., tägl., 9–12 u. 14–18
wie oben

Weitere Informationen:
14490 Balleroy
Tel.: 02 31 21 60 61
Fax: 02 31 21 51 77

Sehenswertes in der Nähe:
Bayeux (Teppich der Königin Mathilde); Caen (Abbaye aux Hommes); Landeorte der Alliierten in der Normandie (2. Weltkrieg)

4 Bourges: Jardin de l'Archevêché

(auch bekannt als Le Jardin de l'Hotel de Ville)
In der Stadtmitte von Bourges, nahe der Kathedrale

ganzjährig, tägl., ab 8 durchgehend

Weitere Informationen:
Place Etienne-Dolet,
18000 Bourges
Tel.: 02 48 57 80 00

Sehenswertes in der Nähe:
Cathédrale de Saint-Etienne, die Stadt Bourges

Die Kathedrale Saint-Etienne (12. Jahrhundert) gehört mit ihren exquisiten, farbigen, mittelalterlichen Glasfenstern zu den architektonischen Glanzleistungen Frankreichs. Direkt südöstlich der Apsis breitet sich der Jardin de l'Archevêché unter den Fenstern des Rathauses aus dem 17. Jahrhundert aus (erbaut von Jean Bullet). Angeblich stammt der Garten aus der gleichen Zeit, vielleicht sogar von André Le Nôtre.

Um einen abgesenkten, viereckigen Rasen ziehen sich schmale Beete, und auf jeder Seite liegt ein erhöhtes, ovales Beet mit Begonien und Fetthenne, flankiert von beschnittenen Eibenkegeln. Im Zentrum der ovalen Beete stehen Statuen und seitlich prachtvolle Bronzeurnen. Der formale Garten wird von schmalen Beeten hinter Zwergbuchshecken begrenzt, in denen zwischen Hochstammrosen Sommerblumen wachsen. Auf der von der Kirche abgewandten Seite, hinter einem Schirm aus Hochstammlinden, liegt ein schattiger Hain mit einem Musikpavillon (19. Jahrhundert). Der Garten ist hervorragend gepflegt.

5 Bourges: Jardin des Prés-Fichaux

Nördlich der Stadtmitte

ganzjährig, tägl., ab 8 durchgehend

Weitere Informationen:
Place Parmentier,
18000 Bourges
Tel.: 02 48 57 80 00

Sehenswertes in der Nähe:
Cathédrale de Saint-Etienne, die Stadt Bourges

Eibenbögen rahmen die Rosenbeete ein.

Obwohl die bildenden Künste im Frankreich des 20. Jahrhunderts eine wichtige Rolle spielten, blieb die Gartenkunst von der Avantgarde weitgehend unberührt. Der Jardin des Prés-Fichaux entstand in den 20er Jahren nach Plänen von Paul Marguerita. Er wurde zwar nach formalen Regeln angelegt, geht aber mit der traditionellen Symmetrie sehr spielerisch um. Betritt man den Garten vom Carrefour de l'Odéon, blickt man zunächst auf ein Paar lombardischer Pappeln, die den Blick einrahmen. Diese für offene Landschaften typischen Bäume sind in einem Garten von markanter architektonischer Präsenz. Ein breiter Rasenstreifen bildet die Hauptachse des Gartens. Er wird von Rosen auf ovalen Rahmen gesäumt. Seitliche Wege führen durch Eibenbögen hindurch, dahinter wurden große Beete mit Eschenahorn (*Acer negundo* 'Variegatum') bepflanzt, die alle auf dieselbe Höhe geschnitten sind. Sie bilden eine mächtige, lockere Matte fahlen Laubes, die sich über die einfassenden Hecken erhebt. Ein automatisches Bewässerungssystem sorgt ganzjährig für prächtig grünen Rasen.

6 *Château de Brécy*

24 km nordwestlich von Caen, über die D22 und Nebenstraßen

Ostern bis Okt., Di., Do. u. So., 14.30–18.30; auch nach Vereinbarung

Weitere Informationen:
14480 Saint-Gabriel-Brécy
Tel.: 02 31 80 11 48
Fax: 01 47 38 10 62

Sehenswertes in der Nähe:
Bayeux (Teppich von Königin Mathilde); Caen (Abbaye aux Hommes); Landeorte der Alliierten in der Normandie (2. Weltkrieg)

In meinen Augen ist der Garten von Brécy einer der prächtigsten und eindringlichsten von ganz Frankreich. Der ländlich wirkende Garten gehört zu einem charmanten, schloßartigen Herrenhaus. Obwohl der Eingangshof von einem überwältigenden Bogengang verziert wird und die Mauern von Pilastern und Urnen geschmückt werden, liegt dahinter ein ehemaliger Bauernhof. Trotz fehlender Quellen schreibt man den Garten seit langem François Mansart zu. Er entstand im 17. Jahrhundert für Jacques le Bas, einen Verwandten von Jean de Choisy, dessen Schloß Balleroy nachweislich von Mansart stammt.

Der Garten von Brécy ist von der Renaissance inspiriert, paßt genau zum Haus und ist in allen Teilen harmonisch. In manchen Details unterscheidet er sich jedoch von allen anderen Gärten jener Zeit. Er liegt versteckt hinter dem Haus auf leicht ansteigendem Gelände. Im Unterschied zu einem typisch italienischen Garten erlaubt er keine Ausblicke auf die umgebende Landschaft. Er besteht aus fünf Terrassen: zunächst zwei einfache *parterres de broderie* mit geschwungenem, beschnittenem Buchs von der Breite des Schlosses. Die höher liegenden Terrassen werden breiter. Vom Parterre steigt man über Treppen zu zwei Rasenflächen mit einfachen Formschnittbäumen und dann zu zwei weiteren, schmalen Terrassen empor. Überall stehen Steinstatuen – Urnen, hockende Löwen, Blumengirlanden und Pilaster. Obwohl zahlreiche Statuen leicht überladen wirken, fügen sie sich hier so harmonisch ein, daß die gesamte Anlage von bestechender Ruhe ist.

Auf der Terrasse unter den Schloßmauern breitet sich ein einfaches Parterre mit Buchsornamenten aus.

7 Caen: Jardin des Plantes

Stadtmitte

ganzjährig, tägl., ab 8 durchgehend

Weitere Informationen:
5, Place Blot,
14000 Caen
Tel.: 02 31 86 28 80

Sehenswertes in der Nähe:
Caen (Abbaye aux Hommes); Bayeux (Teppich von Königin Mathilde); Landeorte der Alliierten in der Normandie (2. Weltkrieg)

Der Jardin des Plantes entstand 1736 als Botanisches Institut der Universität und hat sich diesen Charakter bewahrt, obwohl er seit 1829 öffentlich zugänglich ist. Der alte Botanische Garten mit seinen ordentlichen Systematikbeeten befindet sich noch immer am Eingang, dennoch ist dieser Garten mehr: Zu Blöcken arrangierte Beetpflanzen flankieren einen Kiesweg, der zum Eingang des Botanischen Institutes führt. Unter den Systematikbeeten findet man eines mit Gräsern (*Poaceae*). Manche Gräser, wie die Kolbenhirste (*Setaria italica*) mit auffallenden, fast schwarzen, fiedrigen Ähren, geben gute Gartenpflanzen ab. Außerdem wird die heimische Flora der Normandie gezeigt.

Hinter dem Eingang steigt der Garten an, Wege schlängeln sich verlockend in den Wald. An unterschiedlichen Stellen finden sich spezielle Lebensräume – es gibt einen alpinen Steingarten, einen Flußgarten und im Schatten eines Felsens Farne, Funkien, Hortensien, Schaublatt, Schneeball und andere Schattenpflanzen.
Zum wertvollen Baumbestand gehört eine wunderschöne Schwarzkiefer (*Pinus nigra* ssp. *nigra*). In den Waldlichtungen stehen gelegentlich überraschend moderne Statuen oder brillante Beete mit *mosaïculture*.

Das Gebäude des alten Botanischen Institutes blickt über blumengefüllte Beete.

8 Château de Canon

25 km südostlich von Caen, über die N13

Kein zweiter Garten ist wie Canon, und nur wenige besitzen seinen Charme. Er basiert auf der Tradition französischer formaler Gärten, mit einem Schuß englischen Landschaftsgartens und einzigartigen Zutaten. Der Besitz ist alt, obwohl das heutige Aussehen von Schloß und Garten weitgehend auf einen Mann zurückgehen: Elie de Beaumont kaufte den Besitz 1768. Beaumont war ein kultivierter Anwalt mit besonderem Interesse an Gärten. Zu seinen Freunden gehörte Horace Walpole, ein profunder Kenner englischer Gartenmoden.

Der Garten hat sich bis heute das Aussehen des späten 18. Jahrhunderts überzeugend bewahrt. Er ist im wesentlichen formal gestaltet – eine zentrale Ost-West-Achse vereint Haus und einen langen, rechteckigen Teich im Garten. Die Achse läuft als Lindenallee weiter nach Osten über den Ehrenhof hinaus. Hinter dem Schloß führen Querachsen in schattige Waldstücke, die von gewundenen Wegen durchzogen werden. Die offenen Rasen beidseitig des Schlosses werden von weißen Marmorbüsten auf Plinthen verziert, die bewundernd auf das Schloß blicken.

Auf der Westseite spiegeln sich Haus und Statuen in einer langen Wasserfläche (*miroir d'eau*). Am Schnittpunkt von Rasen und Teich setzt die größte Querachse an. Dieser breite Weg verläuft als Lindenallee mit Resten von Buchsbaumhecken und je einem Blickpunkt an den Enden durch den Wald. Im Süden steht der Temple de la Pleureuse, ein kleiner, klassischer Tempel, der 1783 in Erinnerung an Beaumonts Frau errichtet wurde.

Der Chinesische Pavillon im Norden, ein scharlachrot gestrichener, offener Holzbau, steht an einem Grenzfluß. Von hier ergeben sich Blicke auf grasendes Vieh und eine baumbestandene Parklandschaft. Auf einer Seite des Waldes liegen die Chartreuses, eine Reihe mauerumgebener Gärten, die über Bögen verbunden sind. Diese ehemaligen Obstgärten haben heute Ziercharakter und sind lebendig bepflanzt. Besonders prächtig sehen sie im Spätsommer aus, wenn Hakenlilien, Goldrute, Phlox, Rudbeckien und Schmuckkörbchen die Wege säumen. Am Ende erhebt sich eine Statue der Pomona, der Göttin der Obstbäume, aus einem rosa Dahlienbeet.

Der Garten von Canon dürfte nachhaltig als sehenswert und attraktiv in Ihrem Gedächtnis bleiben.

Ostern bis Juni, Sa., So. u. Ferien, 14–18; Juli bis Sept., tägl. außer Di., 14–19; Gruppen auch nach Vereinbarung

wie oben; nur für Gruppen ab 20 Personen

Weitere Informationen:
4270 Mézidon-Canon
Tel.: 02 31 20 05 07/
02 31 28 77 04

Sehenswertes in der Nähe:
Caen (Abbaye aux Hommes); Bayeux (Teppich von Königin Mathilde); Landeorte der Alliierten in der Normandie (2. Weltkrieg)

Eine weiße Marmorstatue der Pomona wacht über die Ostgärten in den Chartreuses.

9 Château de Caradeuc

30 km nordwestlich von Rennes, über die N137, D27 und Nebenstraßen

25. März bis 15. Sept., tägl., 9–12.30 u. ab 13.30 durchgehend

Weitere Informationen:
35190 Bècherel
Tel.: 02 99 66 77 76

Sehenswertes in der Nähe:
Rennes (Musée des Beaux Arts)

Manchmal wird Caradeuc „bretonisches Versailles“ genannt, eine mißverständliche Bezeichnung, denn es gibt keine Ähnlichkeiten. Das Schloß wurde 1723 von Anne-Nicolas de Caradeuc erbaut. Etwa gleichzeitig entstand ein formaler Garten, der im 19. Jahrhundert durch einen *jardin à l'anglaise* und im späten 19. Jahrhundert wieder durch einen formalen Garten ersetzt wurde.

Zwei Bronzelöwen bewachen die Zufahrt zum Ehrenhof, auf der sich Eibenpyramiden mit Kissen aus Portugiesischer Lorbeerkirsche abwechseln. Eine Philemonstatue blickt zum Schloß hinauf. Im Parterre gibt es Formschnitteiben, Becken in Muschelform und an den Rändern Bänder von gelben und roten Beetrosen. Die Rückseite des Schlosses ist besonders attraktiv – steinerne Urnen mit Früchten und eine prächtige Doppeltreppe, die zur Terrasse herabführt, einer Hauptachse des Gartens. Nach Osten setzt sich die Terrasse in eine Buchenallee fort, die auf eine riesige Statue von Ludwig XVI. aus Carraramarmor zuläuft. Nach Westen führt die Terrasse zu einem kunstvollen formalen Garten, dessen parallele und Querachsen durch Statuen und Ziergebäude belebt werden, manche von hoher Qualität.

Die Jägerin Diana wird von Hecken und in Form geschnittenen Hainbuchen geschützt.

Obwohl man im Garten von Caradeuc erregende Momente erlebt, hinterläßt er bei mir melancholische Gefühle. Trotz der Zierelemente und der prachtvollen Architektur atmen Garten und Schloß eine gewisse Schwermut.

10 Château de Chenonceau

33 km östlich von Tours, über die D140

16. März bis 15. Sept., tägl., 9–19; 16. Sept. bis 15. März, tägl., 9–16.30
wie oben

Weitere Informationen:
37150 Chenonceau
Tel.: 02 47 23 90 07
Fax: 02 47 23 80 88

Sehenswertes in der Nähe:
Château de Chambord; Loches (mittelalterliche Stadt)

Das Schloß – ein überwältigender Renaissancebau – ist zu Recht berühmt. Diane de Poitiers fügte Mitte des 16. Jahrhunderts einen phantasievollen Anbau hinzu, einen Flügel in Form einer Brückengalerie, die über den Cher führt. Auch ihr Garten war berühmt, er gehört zu den am besten dokumentierten der Zeit. Eine zeitgenössische Zeichnung von Jacques Androuet du Cerceau zeigt eine kunstvolle Anlage beidseitig des Flusses, deren Räume in typischer Renaissanceart in geometrische Abschnitte untergliedert sind.

Obwohl der heutige Ziergarten noch zwei der Abschnitte in Cerceaus Zeichnung einnimmt – er flankiert den Ehrenhof und die erhöhten Wälle am Ufer –, ist die Gestaltung und Bepflanzung gänzlich modern. Der Ostgarten, der *jardin de Diane de Poitiers*, wird von diagonalen und kreuzförmigen Kieswegen in acht Abschnitte geteilt und besteht aus Rasen und musterhaftem Heiligenkraut.

Schmale Randbeete wurden mit Einjährigen und kugelförmigen Hibiskushochstämmen in regelmäßigen Abständen bepflanzt. Man bewundert sie von dem terrassierten Weg aus, der um den Garten herumläuft. So entsteht eine fröhliche Wirkung, ein unschätzbarer Gartenschmuck, der zusammen mit dem Schloß einmalig ist. Der *jardin de Catherine de Médici* im Osten ist einfacher. Er besteht aus einem runden Teich und Rasenflächen zwischen schmalen Beeten.

11 *Cherbourg: Parc Emmanuel Liais*

Nordwestlich der Stadtmitte

Cherbourg war, wie viele andere französische Häfen auch, Einfallstor für Pflanzen und besaß eine lebendige botanische Gesellschaft. Emmanuel Liais war ein Universalgelehrter des 19. Jahrhunderts, der an allem in seiner Umgebung interessiert war – auch an Pflanzen. Dieser kleine Park war sein Garten; sein Haus ist heute naturhistorisches Museum. Liais vermachte Grundstück und viele seiner Pflanzen der Stadt. Der saure Boden und das milde Klima ließen Pflanzen gedeihen, die man so weit im Norden kaum erwartet. Hier wächst die chilenische Honigpalme (*Jubaea chilensis*), die in spezialisierten Gärten der Côte d'Azur zu finden ist, wie auch der indische, sehr empfindliche, immergrüne *Viburnum odoratissimum*. In dem Garten, der sich seinen intimen, privaten Charakter bewahrt hat, findet man weitere Seltenheiten.

ganzjährig, tägl., 8–19.30 (8.30–17.30 im Winter)

Weitere Informationen:
Rue Emmanuel Liais,
50100 Cherbourg
Tel.: 02 33 87 88 01

Sehenswertes in der Nähe:
Landeorte der Alliierten in der Normandie (2. Weltkrieg)

Beetpflanzen, Wasser und der Schatten schöner Bäume kennzeichnen diesen typisch französischen öffentlichen Garten.

Apr. bis Okt., tägl., 9–20 (von Juli bis Mitte Sept. jeden Abend beleuchtet, Musik); Nov. bis März, tägl., 9–17

Weitere Informationen:
2, Rue Quesnel-Morinière,
50200 Coutances
Tel.: 02 33 45 17 79

Sehenswertes in der Nähe:
Cathédrale de Coutances;
Landeorte der Alliierten in der Normandie (2. Weltkrieg)

12 *Jardin Public de Coutances*

Stadtmitte

Auf den ersten Blick ist dies ein gut gepflegter öffentlicher Garten; je genauer man jedoch hinsieht, desto mehr gibt es zu bewundern. Er zieht sich einen Hang hinab, auf dem noch Reste eines formalen Gartens sichtbar sind. So hat etwa die großzügige herabführende Doppeltreppe mit ihrem Rahmen aus beschnittener Hainbuche ein italienisches Flair. Unten steht ein aufragender Obelisk in Flucht mit einer Treppe. Die *mosaïculture*-Beete sind mit Cartoons bepflanzt – Minnie Maus, Asterix, Tintins Hund Snowy usw. Daneben verzieren bemerkenswerte Statuen die Szene, etwa eine Riesenfigur des französischen Generalfeldmarschalls Amiral Tourville (1642–1701), die zufrieden über schiffsförmig arrangierte Blumen blickt.

In einer Ecke des Gartens, im Schatten einer großen Buche, steht eine Apfelpresse des 18. Jahrhunderts. Sie wurde von Pferden angetrieben und besteht aus Röhren aus Granit und einer mächtigen Presse. Sie hat zwar keinen Bezug zum Garten, sieht aber prachtvoll aus.

ganzjährig, tägl., 10–19

Weitere Informationen:
Avenue des Bains,
59140 Dunkerque
Tel.: 03 28 59 21 65

Kraftvolle zeitgenössische Skulpturen beleben den Garten des Museums für Zeitgenössische Kunst.

13 *Dunkerque: Jardin du Musée d'Art Contemporain*

Nördlich der Stadtmitte

Das auffallende Gebäude des Museums für Zeitgenössische Kunst überblickt eine Lagune. Die Umgebung, die gleichfalls als Ausstellungsfläche dient, wurde kühn gestaltet. Auf dem Sand liegen weiße Steinblöcke, dazwischen natürlich angeordnete Pflanzen. Hier gedeihen Berberitzen, *Elaeagnus fortunei*, Stechginster, Haargerste (*Leymus arenarius*), Sanddorn und mehrere Weiden, die den Vorzug markanter Pflanzengruppen mit interessantem Laub verbinden. Manchmal stehen sie in natürlichen Verbänden, manchmal wurden sie jedoch wohlerwogen plaziert, um zwischen der natürlichen Landschaft und dem modernen Gebäude zu vermitteln.

Zu den Freilandskulpturen gehört eine Schafherde, ein riesiger, fliegender Fisch aus farbigen Metallplatten und abstrakte Formen, die sich einfühlsam in die Küstenlandschaft einfügen. Die schlangenförmige Lagune bildet einen fließenden Kontrast zu den gezackten Formen. Als Hausgarten wäre er sicher kaum geeignet, aber als moderne Museumslandschaft fügt er sich hervorragend in die Umgebung ein.

14 *Abbaye Royale de Fontevraud*

15 km östlich von Saumur, über die D947

Juni bis 3. So. im Sept., tägl., 9–19; Ende Sept. bis Mai, tägl., 9.30–12.30 u. 14–18 (bzw. bis Sonnenuntergang); am 11. Nov., 25. Dez., 1. Jan. geschlossen

Weitere Informationen:
49590 Fontevraud-l'Abbaye
Tel.: 02 41 51 73 52
Fax: 02 41 38 15 44

Sehenswertes in der Nähe:
Chinon (Schloß, Altstadt); Fontevraud (Ausstellungen zeitgenössischer Kunst)

Fontevraud wurde gegen Ende des 11. Jahrhunderts als Mönchs- und Nonnenkloster gegründet. Der Bau der heutigen Abteikirche begann im frühen 12. Jahrhundert. Hier liegen übrigens mehrere Mitglieder der königlichen Familie Plantagenet begraben. Einige qualitätvolle Bauten aus späterer Zeit belegen den wachsenden Reichtum und die Macht der Abtei. Während der Französischen Revolution diente die Abtei dann als Gefängnis. Erst nach dem 2. Weltkrieg wandelte man Fontevraud in ein regionales Kulturzentrum um.

Die Gebäude bilden ein wunderbares Ensemble, dessen Wirkung durch den Garten noch gesteigert wird. Im Hortulus (Küchengarten) werden Gewürze und Gemüse des Mittelalters gezeigt. Dekorativ verflochtene Korbweiden fassen die Beete ein; Informationstafeln erläutern die Nutzpflanzen. Neben dem Hortulus steht das prachtvolle Küchengebäude des 12. Jahrhunderts, das einen lebendigen Eindruck der Mönchsgesellschaft vermittelt. Unterhalb des Hortulus liegt ein Nutzgarten. Hier wachsen Pflanzen, die in der Bierbrauerei, beim Weinbau und bei der Herstellung von Textilien (Faser- und Färbepflanzen) verwendet werden. Etwas abseits folgt der Heilkräutergarten mit medizinischen und Gewürzpflanzen in schmalen, buchsgesäumten Beeten. Informative Tafeln erläutern ihre Verwendung und stellen die Verbindung zum *Capitulare* Karls des Großen (um 800) her, in dem 72 Nutzpflanzen behandelt wurden. Dennoch ist der Garten nicht streng historisch. Neben vielen Pflanzen der Zeit enthält er auch moderne Pflanzen. Er ist ausgesprochen schön und auf bezaubernde Weise informativ.

Die Hôtellerie du Prieuré Saint-Lazaire, das ehemalige Prioratsgebäude innerhalb der Klostermauern, ist ein komfortables Hotel und ein herrlicher Aufenthaltsort.

Vor den prächtigen Klostergebäuden ziehen sich Beete mit mittelalterlichen Pflanzen entlang.

15 *Kerdalo*

2 km östlich von Tréguier, neben der D786

März bis Nov., erster Sa. des Monats, 14–18; und nach Vereinbarung

Weitere Informationen:
22220 Trédarzec
Tel.: 02 96 92 35 94

Sehenswertes in der Nähe:
Kathedrale und Stadt Tréguier

Seine Lage und die Kunst des Gartengestalters Prinz Peter Wolkonsky machen Kerdalo bemerkenswert. Es liegt in einem Tal nahe der Mündung des Jaudy an der zerklüfteten Küste der Bretagne. Das Klima ist mild mit reichlichen Niederschlägen, das Land ist jedoch starken Seewinden ausgesetzt. Prinz Wolkonsky legte den Garten ab 1965 an. Er bezog das Herrenhaus aus Granit für die formalen Bereiche und ein Ufer des Flusses mit ein. Der Boden ist fruchtbar und sauer, gut für die Heidegewächse am Flußufer. In dem milden Klima gedeihen auch empfindliche Pflanzen, die dem Garten einen exotischen Anstrich geben. Darunter sind *Echium pininana* und die Ruhmesblume (*Clianthus puniceus*) zu finden. Dennoch ist Kerdalo alles andere als ein botanischer Garten, da sich alle Pflanzen in die entzückende Landschaft einfügen und er von dekorativen Bauwerken aufgelockert wird. Am Ende eines schmalen, von Rhododendren gesäumten Kanals steht als Blickfang eine chinesische Pagode. Eine Doppeltreppe vor der Gartenfront des Hauses ist markant mit Schweifgiebel und Herzmuscheln verziert.

Kerdalo gehört zu den schönsten französischen Gärten unseres Jahrhunderts – Ergebnis der Vision und Kreativität eines Gartenarchitekten. Es wirkt niemals feierlich, sondern an jeder Ecke blitzt Fröhlichkeit auf.

Vor der Terrasse des Herrenhauses aus dem 17. Jahrhundert liegen kühn gestaltete formale Gärten.

16 *Château de Langeais*

22 km südwestlich von Tours, an der N152; Ortsmitte

Apr. bis Sept., tägl., 9–18.30 (15. Juli bis Aug., tägl., 9–21), Okt. bis 2. Nov., tägl., 9–12.30 u. 14–18.30; 3. Nov. bis März, tägl., 9–12 u. 14–17 (am 25. Dez. geschlossen)
wie oben

Weitere Informationen:
37130 Langeais
Tel.: 02 47 96 72 60
Fax: 02 47 96 54 44

Sehenswertes in der Nähe:
Schlösser der Loire

Das dicht am Ufer der Loire liegende Schloß hat eine wichtige strategische Lage und wirkt eher geschäftig denn als Lustschloß. Der erste Bau entstand im 10. Jahrhundert, die heutigen Gebäude stammen fast ausschließlich aus dem 15. Jahrhundert. Während das Schloß sein mittelalterliches Aussehen bewahrt hat, wurden die Gärten innerhalb seiner Mauern zwischen den Kriegen von Achille Duchêne modern gestaltet. Das Parterre mit niedrigen Ziegelmauern, quadratischen oder rechteckigen Hochbeeten und einem Brunnen, der von unregelmäßigen Platten und geometrischen Eiben an den Ecken umgeben ist, atmet den Geist des Art Deco.

Obwohl dieser Garten nicht unbedingt eine Reise verdient, stellt er eine willkommene Ergänzung zum Schloß mit seinen prachtvollen Sammlungen dar.

17 *Parc Oriental de Maulévrier*

Maulévrier, Stadtmitte, 13 km südostlich von Cholet, über die D20

Nachdem sich Japan 1865 für die Europäer geöffnet hatte, brach eine Leidenschaft für den Orient aus. Der Architekt Alexandre Marcel legte den Parc Oriental zwischen 1899 und 1910 an. Er liegt im flachen, bewaldeten Tal der Moine, die Marcel zu einem See aufstaute. Er stellte Steinlaternen, Kopien von Khmerstatuen und einen nachgebauten Khmertempel aus Angkor-Wat in Kambodscha sowie viele Blütenbäume und japanische Ahorne am Ufer auf. Daneben findet man bemooste Felsen und eine japanische Brücke in Ochsenblutrot, die zu einer kleinen Insel führt.

Marcel hatte historische Gärten in Japan besucht und einige symbolische Elemente auf Maulévrier übertragen. So dient der Pagodengarten der Ruhe. Es gibt Moose, Farne und im Frühling blühende Bäume und Sträucher. Wasser fließt mit beruhigendem Geräusch über Steine. Ein anderer Teil des Gartens ist der Meditation gewidmet. Er liegt in einem Wäldchen, dessen raschelnde Blätter die Kontemplation fördern; der Harzduft der Kiefern gilt zudem als Symbol der Langlebigkeit.

Seit 1983 gehört der Garten der Stadt Maulévrier und wurde umfassend restauriert. Heute ist er sehr gepflegt und lohnt einen Besuch.

Mai bis Sept., Di. bis Fr., 10–12 u. 14–17; Sa., So. u. Schulferien 14–19; Okt. bis Apr., tägl. außer Mo., 14–18 (24. Dez. bis 31. Jan. geschlossen)

Weitere Informationen:
Chemin des Grands-Ponts,
49360 Maulévrier
Tel.: 02 41 55 50 14
Fax: 02 41 55 48 89

Bemooste Felsen, Ahorne und eine Steinlaterne schaffen ein überzeugend japanisches Flair.

18 Château de Miromesnil

8 km südwestlich von Dieppe, über die N27 und Nebenstraßen

Mai bis Mitte Okt.; tägl. außer Di., 14–18
wie oben; nur Führungen

Weitere Informationen:
76550 Tourville-sur-Arques
Tel. und Fax: 02 35 85 02 80

Sehenswertes in der Nähe:
Küstenlandschaft von Caux

Obwohl Küchengärten in Frankreich wahrscheinlich immer noch hoch im Kurs stehen, kann man nur selten einen benutzten *potager* besichtigen. Das Schloß von Miromesnil (17. Jahrhundert, aus Ziegeln und Steinen) liegt in einem wunderschönen Waldgebiet. Hier wurde 1850 der Schriftsteller Guy de Maupassant geboren. Der von einer Ziegelmauer des 17. Jahrhunderts umgebene Küchengarten ist nach traditioneller Art in vier Teile gegliedert. Der Mittelweg wird von Blumenrabatten mit Spalierobstbäumen und dichten Rittersporen gesäumt. In den Beeten wachsen typische Nutzpflanzen, und vor den Mauern ziehen sich Zierbeete entlang. Trotz seiner Attraktivität ist der *potager* sehr unprätentiös. Im Spätsommer lassen die vielen Produkte dem Betrachter das Wasser im Mund zusammenlaufen.

Wer an Gartengeschichte interessiert ist, sollte sich im Süden des Schlosses umsehen. Unterhalb einer tiefen Terrasse finden sich Spuren eines Landschaftsgartens (mit einer prächtigen Libanonzeder) und einer formalen Allee, die sich in der Ferne verliert – vielleicht die Reste des Gartens aus dem 17. Jahrhundert?

Frühling im *potager* des 18. Jahrhunderts; die Gartensaison beginnt.

19 *Mont-Saint-Michel: Jardin du Cloître*

22 km südwestlich von Avranches, über die N276 und D75

Mai bis Sept., tägl., 9–17.30, Okt. bis Mai, tägl., 9.30–16.30

Weitere Informationen:
Abbaye de Mont-Saint-Michel,
50116 Le Mont-Saint-Michel
Tel.: 02 33 89 80 00
Fax: 02 33 70 83 08

Aus rein gärtnerischer Sicht gehört dieser kleine Garten nicht hierher. Dennoch ist der Ort so erstaunlich, der Garten so unerwartet und der Ausblick so berauschend, daß er einen Besuch wert ist. Außerdem dürfte man nach dem anstrengenden Aufstieg mit Recht auf seine Leistung stolz sein. Der Mont-Saint-Michel gehört zu den größten touristischen Sehenswürdigkeiten Frankreichs – sehen Sie Mitte August besser von einem Besuch ab. Folgen Sie auf der Insel nicht der Hauptstraße mit ihren Andenkenläden, sondern steigen Sie einen der Seitenwege empor. Der Weg ist anstrengender, aber kürzer.

Der Klostergarten liegt am höchsten Punkt der Abtei. Die Doppelreihe aus Granitsäulen mit spitzen Kalksteinbögen stammt aus dem 13. Jahrhundert Ein quadratisches Becken in der Mitte wird von Buchs eingerahmt, der Rasen von Beeten mit lockerer Bepflanzung gesäumt – Schafgarbe, Beifuß, Farne, Funkien und Rosen. Alles ist modern; nur wenige dieser Pflanzen gab es bereits im Mittelalter. An einer Seite blickt ein steinerner Riese über die Salzmarschen – einer der schönsten Ausblicke in Frankreich.

Nicht authentisch, aber hinreißend – die Pflanzen im Kreuzgang.

20 Le Bois des Moutiers

7 km südwestlich von Dieppe, über die D15

15. März bis 15. Nov., tägl., 10–12 u. 14–18

Weitere Informationen:
76119 Varengeville-sur-Mer
Tel.: 02 35 85 10 02
Fax: 02 35 85 46 98

Sehenswertes in der Nähe:
Küstenlandschaft von Caux

Der Bois des Moutiers, noch immer im Besitz der Familie Mallet und ausgezeichnet gepflegt, enthält mehrere außergewöhnliche Bestandteile. Im Zentrum steht ein bemerkenswertes Haus im *Arts and Craft*-Stil des Architekten Sir Edwin Lutyens – einer seiner wenigen Bauten außerhalb Englands. Zusammen mit Gertrude Jekyll hat Lutyens auch den formalen Garten am Haus geplant. Auf der anderen Seite des Hauses haben die Mallets einen Waldgarten angelegt.

Guillaume Mallet stammt aus einer hugenottischen Bankiersfamilie. Er lernte Lutyens über dessen Frau Emilie kennen, mit der ihn ein gemeinsames Interesse an Theosophie verband. Das Haus entstand auf einer Anhöhe eines zum Meer abfallenden Tales. „Oh Emily", schrieb Lutyens an seine Frau, „es ist so herrlich hier, so

Vor dem Westgiebel des Hauses liegt der Weiße Garten.

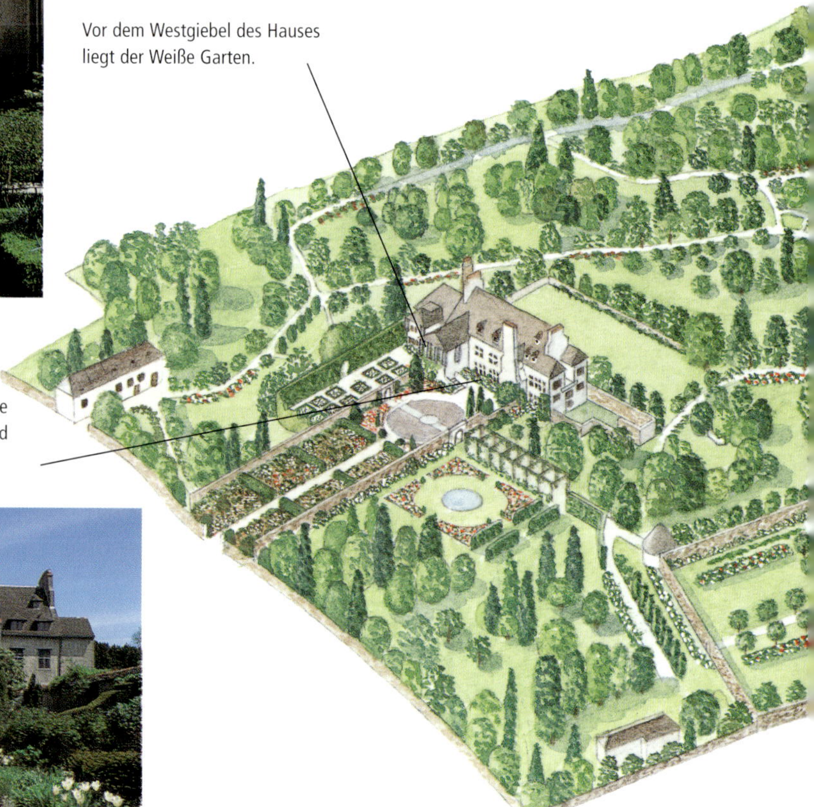

Zwei tiefe Rabatten bilden eine Achse zwischen Dorfstraße und dem Hauseingang.

Der Waldgarten ist mit Farnen, Schwertlilien und *Gunnera manicata* unterpflanzt.

Ende Mai bis Anfang Juni blühen die prachtvollen Rhododendren im Wald.

ruhig und köstlich ... und die Düfte sind wunderbar." Auch der Impressionist Claude Monet liebte den Ort, er malte das Tal mit intensiv blauem Meer im Hintergrund.

Lutyens arbeitete von 1898 bis 1904 an Haus und Garten, und Gertrude Jekyll lieferte die Pflanzpläne. Obwohl die Bepflanzung häufig verändert wurde, ist der Garten noch immer ein ausgezeichnetes Beispiel ihrer gemeinsamen Arbeit. Man nähert sich dem Haus von Westen her und betritt eine atemberaubende Reihe von Gartenräumen. Als erstes kommt ein abgeschlossener, gepflasterter Weißer Garten mit musterhaften, quadratischen, von Buchs gesäumten Beeten, in denen 'Iceberg'-Rosen, lilienblütige weiße Tulpen 'White Triumphator' und weiße Hortensien wachsen. Zwei Sitzplätze in den vom Haus abgewandten Ecken machen Lutyens' Art der Gestaltung besonders deutlich. Eine niedrige, halbrunde Mauer aus horizontalen Ziegeln wird von Steinen gekrönt, die einen Sitz bilden. Sie umschließt einen leicht erhöhten, gepflasterten Kreis, zu dem eine halbrunde Steintreppe hinaufführt. In der sommerlichen Hitze bieten diese kühlen, schattigen Zufluchtsorte einen wundervollen Blick auf die Umgebung.

Der Weiße Garten ist auf zwei Seiten von Eibenhecken umgeben; eine davon ist zu Schwüngen beschnitten. Ein Bogen in der Mauer führt in den nächsten Raum. Dieser perfekte normannische Bogen, der durch radiär eingemauerte Ziegel in der Mauer noch betont wird, führt zum Eingangshof an der Südseite des Hauses.

Der Ostgiebel des Hauses erhebt sich lebendig und dekorativ über einfache Eibenhecken.

Am Kopf zweier breiter Rabatten, die auf die Dorfstraße ausgerichtet sind, steht ein Paar Buchsbaumkugeln über niedrigen Buchshecken. Der breite Weg zwischen den Rabatten ist mit Ziegeln in Korbmuster gepflastert; den Abschluß der Beete bilden Stuckmauern mit Ziegelkrone. Pfeiler aus beschnittener Eibe unterteilen die Rabatten in einzelne Abschnitte. Die Bepflanzung ist in Weiß, Grau und Purpur gehalten. Unter markanten Sträuchern, silbernen *Elaeagnus commutata*, purpurblättrigen *Berberis thunbergii atropurpurea*, Rhododendren und Rosen wachsen Stauden – Funkien, Schwertlilien, Jakobsleiter, Lilien, *Thalictrum aquilegifolium* und Tulpen.

Vom Ende der Rabatten wirkt das Haus besonders dekorativ. Es ist asymmetrisch, wirkt aber dank der freundlichen Materialien (Ziegeldach, behauene Steine von Caen, grober Stuck), die auch im Garten wieder auftauchen, harmonisch. Auf der Ostseite setzen sich die Gartenräume mit einem Weg fort, der zu einer Pergola aus Eichenstämmen und Ziegelsäulen führt, die mit Rosen, Waldreben und *Vitis coignetiae* bepflanzt ist. Der Weg führt weiter in einen Magnoliengarten und zu einem weiteren, für Lutyens typischen Gebäude: ein offenes, rundes Sommerhaus aus Ziegeln. Hier laufen unter schiefem Winkel zwei Wege zusammen.

Auf der Nordseite des Hauses, wo das Gelände sanft zum Meer abfällt, hat der Garten einen ganz anderen Charakter. Auf dieser Seite wirkt das Haus ernster, weniger spielerisch. Von einer offenen Rasenfläche laufen seitlich zwei Wege in ein Wäldchen. Prachtvolle Rhododendren, manche noch aus Guillaume Mallets Zeit, sorgen im Frühling für Alleen aus Farbe. Im Wald finden sich weitere säureliebende Pflanzen – Kamelien, Prachtglocke, *Eucryphia* und *Pieris* –, daneben Zierbäume wie *Nyssa sylvatica* und japanische Ahorne.

Die Besitzer bieten für Gruppen hervorragend geführte Besichtigungen in Haus und Garten an – nur so darf das Hausinnere besichtigt werden, das wesentlich für das Gesamtkonzept von Lutyens ist. Aus vielen Fenstern ist der Garten sichtbar, während die riesigen Fenster im zweistöckigen Musikraum prachtvolle Blicke nach Norden über den Wald, an schönen Tagen bis zum intensiv blauen Meer erlauben – die Farbe, die Monet so liebte.

Einer der wunderbaren Bogenwege in der west-östlich verlaufenden Mauer; der Stuck wird durch Ziegelmuster verziert.

Der Weiße Garten im Jekyll-Stil, eine Blumenrabatte am Westende des Hauses.

21 Nantes: Parc de la Beaujoire

Am Nordrand der Stadt

ganzjährig, tägl., 8–20 (im Winter ab 17.30 geschlossen)

Weitere Informationen:
Route Saint-Joseph-de-Porterie,
44000 Nantes
Tel.: 02 40 41 98 55
Fax: 02 40 41 59 51

Sehenswertes in der Nähe:
Nantes (Musée des Beaux-Arts, Schloß)

Der Garten geht auf eine Blumenausstellung des Jahres 1971 zurück und ist ein mutiger Versuch, einen gänzlich modernen öffentlichen Park zu schaffen. Im ersten Teil des Gartens werden 1400 Rosensorten ausgestellt – fast ausschließlich moderne Züchtungen. Viele der Kletterrosen wachsen auf wunderlichen Eisen-Holz-Stützen, die aussehen wie umgekehrte Lampenständer. Die meisten Rosen sind mehrfach blühende Sorten, daher blüht es den ganzen Sommer über. Makellose Rasenflächen werden durch ein automatisches System bewässert, die Wege sind mit Granit gepflastert.

Am Ende des Rosengartens fällt das Gelände zu einem großen Steingarten ab, der bis zum Ufer der Erdre reicht. Zwischen den Steinen wurden attraktive Stauden gepflanzt, die sich manchmal zu beeindruckenden Farbspielen zusammenfügen – z. B. orangefarbene *Helenium* 'Moerheim Beauty' mit purpurblättrigem Salbei und eine rötliche Form von *Phygelius capensis*. Das Ufer nimmt ein bestechender modernistischer Garten mit blockartig gepflanzten Heiden ein – jeder Block eine andere Varietät, alle gleich hoch, aber mit unterschiedlichen Blättern und Blüten. Zu den verschiedenen Jahreszeiten blühen hier 80 Sorten. Am Ufer findet sich auch die *Collection Nationale Spécialisée* von Magnolien – 200 Arten und Sorten, die im Frühling prachtvoll blühen.

Vor den Rosen kommen Schwünge von Bart-Iris zur Blüte.

22 *Nantes: Jardin des Plantes*

Stadtmitte

ganzjährig, tägl., ab 8 durchgehend (im Sommer ab 21 geschlossen)

Weitere Informationen:
Rue Stanislas-Baudry,
44000 Nantes
Tel.: 02 40 41 98 55
Fax: 02 40 41 59 51

Sehenswertes in der Nähe:
Nantes (Musée des Beaux-Arts, Schloß)

Nantes spielte bei der Einfuhr von Pflanzen nach Frankreich eine wichtige Rolle. Schon 1726 hielt Ludwig XV. seine Kapitäne an, interessante Pflanzen von ihren Reisen mitzubringen. In Nantes angekommene Pflanzen wurden zunächst gesammelt, weiter kultiviert und dann zum Jardin du Roi nach Paris gesandt. 1791 gründete man einen neuen Garten mit Schwerpunkt auf Zierpflanzen, aus dem später der Jardin des Plantes wurde. Er wurde zwar stark erweitert, enthält aber immer noch den ursprünglichen Garten, der heute von attraktiv gewelltem Gelände mit Gruppen schöner Bäume, Zierteichen und Bächen eingerahmt wird.

Die Hauptattraktion des heutigen Gartens ist die Kombination hübsch gestalteter Landschaft mit reichem Pflanzenwuchs. In mehreren Gewächshäusern werden empfindliche Pflanzen gehalten – zwei Kakteenhäuser, ein Palmenhaus mit mächtigen Bäumen und eine Orangerie mit Zitruspflanzen. Ein botanischer Garten stellt die Pflanzen Westfrankreichs vor. Im mittleren Bereich des Gartens stehen mehrere attraktive Bäume. In einer bemerkenswerten Sammlung von Pappeln findet man die besonders schöne *Populus deltoides*. Ein großer Platanenhain beherbergt mehrere prachtvolle, alte *Platanus orientalis* und *P. occidentalis*. Es gibt hübsche Magnolienarten, *Carpinus betulus* var. *pyramidalis* und *Liriodendron tulipifera*. Zu Jahresbeginn blüht eine außergewöhnliche Sammlung von Kamelien – über 1000 Sorten.

Dieser Garten ist nicht nur für Pflanzenliebhaber interessant; mitten in der Stadt kann man sitzen, spazieren und einen landschaftlich wunderschönen und gut gepflegten Garten bewundern.

Im Schatten der Bäume leuchten die kräftigen Farben der Sommerbeete.

23 *Orléans: Parc Floral de la Source*

6 km südlich von Orleans, über die N20

Apr. bis 12. Nov., tägl., 9–18 (von Mitte Juni bis Ende Aug. geöffnet bis 20)

Weitere Informationen:
45100 Orléans
Tel.: 0238 49 30 00
Fax: 02 38 49 30 19

Sehenswertes in der Nähe:
Orléans (Musée des Beaux-Arts); Château de Blois

La Source ist ein alter Besitz; das Schloß gehörte im 18. Jahrhundert Lord Bolinbrooke, einem Freund Voltaires. Der Name beruht auf der Quelle des Flusses Loiret, die auf diesem bewaldeten Gelände entspringt. Der Garten in seiner heutigen Form stammt aus dem Jahr 1963, wurde aber stark erweitert und dient heute als Schaugarten für Pflanzen und Gartenbautechniken. Die Anlage ist zwar eher einfach, im Stil öffentlicher Gärten, ihr Wert beruht jedoch weniger auf der Ästhetik als vielmehr auf den zahlreichen und seltenen Pflanzen. Das Fortissimo der Zwiebelpflanzen im Frühling wird von prachtvollen Irisbeeten gefolgt. Nachdem die Sommerbeete bepflanzt sind, blüht die riesige Auswahl vorwiegend moderner Rosen den ganzen Sommer über. Im Herbst haben Dahlien und Chrysanthemen eine eigene Abteilung. Neben den Beeten mit Pflanzen der Saison überzeugt der Garten durch sorgfältig gruppierte Bäume und Sträucher sowie eine gut abgestimmte Farbenwahl.

24 *Les Jardins du Prieuré Notre-Dame d'Orsan*

65 km südwestlich von Bourges, über die N144, D940 und D65

Letzter Sa. im Apr. bis erster So. im Nov. u. Schulferien, tägl., 10–19, 15. Juni bis 15. Sept., tägl., 10–19

Weitere Informationen:
Lieu-dit Orsan,
18170 Maisonnais
Tel. und Fax: 02 48 56 27 50

Sehenswertes in der Nähe:
Bourges (Cathédrale de Saint-Etienne)

Das Interesse an mittelalterlichen Gärten nimmt zu, und es gibt viele Versuche, sie zu restaurieren – hier ein besonders attraktives, jüngeres Beispiel. Die Prieuré d'Orsan wurde im frühen 12. Jahrhundert von Robert d'Arbrissel, dem Gründer der Abtei von Fontevraud (siehe S. 25), gegründet. Originalgebäude aus dem Mittelalter blieben nicht erhalten, der heutige Bau mit seinem eleganten Turm stammt aus dem 16. und 17. Jahrhundert.

Die Architekten Sonia Lesot und Patrice Taravella haben seit 1991 nicht nur die schönen Gebäude restauriert, sondern auch einen Garten geschaffen, der weniger Wert auf Authentizität als vielmehr den Geist des Mittelalters legt. Religiöse Symbolik spielte eine große Rolle bei der Gestaltung, so im Rosengarten für die Jungfrau Maria, in dem auch mehrfach blühende, neue Sorten verwendet wurden.

Die einfachen, luftigen Rosenlauben bestehen aus unbehandeltem Holz.

Im ganzen Garten sind als Stilmittel rohe Hölzer für Zäune und Lauben eingesetzt. Flechtzäune begrenzen – wie in mittelalterlichen Miniaturen – die Hochbeete. Hecken aus Hainbuche, Buche und Weißdorn gliedern Räume ab, und Nutzpflanzen mischen sich mit Zierpflanzen. Die Besucher werden ermuntert, in der wunderschönen Umgebung auf den Spuren der Mönche spazierenzugehen, die dort Wildpflanzen sammelten und Holz aus den prachtvollen Eichenwäldern holten.

Obwohl der Garten erst seit 1995 der Öffentlichkeit zugänglich gemacht wurde, atmet er bereits den Geist würdigen Alters. Er läßt auf lebendige und charmante Weise das Gartenleben der mittelalterlichen Mönche neu aufleben.

25 Château du Pin

25 km westlich von Angers an der N23

Ostern bis Okt., Sa., So. u. Schulferien, 14–18

Weitere Informationen:
49170 Champtocé-sur-Loire
Tel.: 02 41 39 91 85
Fax: 02 41 39 88 41

Sehenswertes in der Nähe:
Angers (Altstadt, Schloß, Musée Jean Lurçat et de la Tapisserie Contemporaine)

Das Schloß ist ein befestigtes Herrenhaus des 12. Jahrhunderts, das im Spätmittelalter neu erbaut wurde. Es ist mit hohen, übergiebelten, von Kriechblumen bewachsenen Mansardenfenstern reich verziert, und die Parterrefenster sind von Steinmetzarbeiten umgeben. Der Besitz wurde 1921 von Gerard Christmas Gignoux gekauft, der auch den heutigen, sehr architektonischen Garten anlegte. Der Zuweg führt durch das Haus. Der Besucher findet sich auf einer gepflasterten, sonnigen Terrasse voller Kübelpflanzen wieder – riesige Stechäpfel, Oleander, Bananen, Zitrusfrüchte, dahinter im Sommer Wellen hellblauer *Agapanthus*. Stufen führen herab zu einem Seerosenteich und zu Eiben in markantem Formschnitt, die sich nach Westen – parallel zum Haus, jedoch weit darüber hinaus – fortsetzen.

Die Hauptachse des Gartens beginnt jedoch an der Gartentür. Vom Seerosenteich führt ein Tor aus Buchspfeilern zu einem zweiten, von Sträuchern – darunter *Clerodendrum trichonotum*, *Indigofera heterantha*, *Calycanthus floridus*, *Fremontodendron californicum* – umgebenen Seerosenteich. Auf einer Seite lenken schmale Teiche den Blick auf zwei italienische Zypressen mit Irisbeeten auf beiden Seiten. Im Rosengarten auf der anderen Seite liegt ein runder Teich, umgeben von Lavendel, modernen Rosen und je einer italienischen Zypresse in den Ecken. Obwohl der Garten an den Rändern etwas ausufert, besitzt er großen Charme, und jeder Besucher dürfte den märchenhaften Spaziergang durch die Formschnittbäume genießen.

Markante Formschnitteiben unterstreichen die lebendige Architektur.

26 *Jardins de Plantbessin*

10 km südwestlich von Bayeux, über die D73

30. Mai bis 15. Sept., tägl. außer So. u. Schulferien, 14–18

Weitere Informationen:
14490 Castillon
Tel.: 02 31 92 56 03
Fax: 02 31 22 70 09

Sehenswertes in der Nähe:
Bayeux (Teppich der Königin Mathilde); Landeorte der Alliierten in der Normandie (2. Weltkrieg)

Dieser große, wunderschöne Privatgarten wurde 1986 von seinen Besitzern, Hubert und Colette Sainte-Beuve, gänzlich neu geschaffen. Direkt daneben betreiben sie eine hervorragende, auf Stauden spezialisierte Gärtnerei.

Der Garten steht mit seinen abgeschlossenen Räumen – jeder, dank anspruchsvollen Pflanzen und ausgesuchtem Design, mit eigenem Charakter – in der Tradition des 20. Jahrhunderts. Einer der Räume hat mit geschwungenen Beeten beschnittener Azaleen, einer als „Pudel" beschnittenen Zeder, gekrümmten Kieswegen und einer stattlichen *Aralia elata* 'Variegata' orientalische Atmosphäre, die durch eine ochsenblutrot gestrichene Laube mit spitzem Dach noch betont wird. Ein von Eiben umgebener Kräutergarten ist mit Hochbeeten, dichten Kräutern und Buchskugeln ausgestattet.

Eine Rosenpergola durchbricht eine Hainbuchenhecke und führt zu einem langen, leicht geneigten Rasenweg, der von großartigen Rabatten mit Glockenblumen, Dahlien, Wolfsmilch, Sonnenbraut, Lobelien, Rosen und Goldrute flankiert wird. Jede der drei paarweisen Rabatten folgt einem anderen Farbthema: Oben sind sie rot, gelb und orange, in der Mitte weiß und cremeweiß und unten rosa, purpur und rot. Irische Eibe schließt die Beetrückseiten an den Ecken ab – wie Ausrufezeichen, die den Hang hinunter führen. Am Fuße des Hanges öffnet sich eine Querhecke aus Eibe mit „Schultern" und beschnittenen Eibenkugeln auf einen quadratischen Garten mit Seerosenteich, der von *Agapanthus* in Kübeln umstanden ist. Am Ende steht eine Bank zwischen kuppelförmigen *Catalpa bignonioides*. Seitlich führt ein Weg zu einem Kanal, dessen Ufer von markanten Blattpflanzen geziert wird – *Darmera peltata*, Farnen, Gräsern, *Gunnera manicata*, Funkien und Schaublatt.

Der mutige, aber unprätentiös dekorative Stil, die breite, wohlüberlegte Pflanzenauswahl und die hervorragende Pflege machen Plantbessin zu einem Erlebnis, dem sich kein Gärtner entziehen kann.

Pflanzen mit markantem, häufig goldenem oder panaschiertem Laub säumen einen schmalen Kanal.

27 Rennes: Parc du Thabor

Am Nordostrand der Altstadt

In diesem besonders attraktiven öffentlichen Park gibt es vieles zu bewundern. Er gehört zu den ältesten dieser Art in Frankreich (gegründet 1802, Landschaftsgestaltung 1856 durch Denis Bühler). Besonders eindrucksvoll ist der Eingang von der Rue Martenot: Eine monumentale Steintreppe führt zu einem breiten, gestuften Amphitheater mit einer glitzernden Kaskade unter alten Nadelbäumen.

Das Gelände liegt hoch und luftig, der Grund ist wellig, und es gibt mehrere dekorative Bauwerke. Eine riesige Orangerie überblickt einen formalen Garten mit Teichen und Springbrunnen, Palmen in Versailles-Kübeln und prachtvollen Beeten. Seitlich liegt ein großer, formaler Rosengarten mit vorwiegend modernen, mehrfach blühenden, aber auch einigen alten Sorten.

Ein reizendes Vogelhaus in Form einer Pagode beherbergt im oberen Teil weiße Tauben, die ihr Haus offensichtlich genießen. In den Käfigen darunter zeigen exotische Vögel ihr farbenprächtiges Gefieder – absolut passend zu den Farben der Beete. Viele schöne Bäume zieren den Garten, darunter eine wunderbare alte Korkeiche (*Quercus suber*); Raritäten fehlen allerdings.

ganzjährig, tägl., ab 7 durchgehend (im Sommer bis 21.30)

Weitere Informationen:
Place Saint-Mélaine,
35000 Rennes
Tel.: 02 99 28 55 55

Sehenswertes in der Nähe:
Rennes (Altstadt)

Ein Sommerbeet mit wirbelndem Farbmuster *à la mosaïculture*.

28 Parc de Richelieu

19 km östlich von Loudon über die D61

Die geisterhaften Überreste eines der großen Gärten Frankreichs sind etwas für die Liebhaber von Merkwürdigkeiten und Atmosphäre. Schloß, Nebengebäude und Gärten sind gut dokumentiert. Außer Spuren der Anlage und einigen Nebengebäuden blieb nichts von dem berühmten Besitz, der auf Radierungen des 17. Jahrhunderts dargestellt ist, übrig – die Reste sind aber noch voller Ausdruckskraft.

„Das hübscheste und prachtvollste Schloß, das man je sah", beschrieb Madame de Montpensier den Bau, der von Jacques Lemercier für Kardinal Richelieu seit 1625 erbaut wurde. Der Garten im Renaissancestil war kaum weniger prachtvoll: Um eine Zentralachse, die sich nach beiden Seiten weit in die Landschaft fortsetzte und Schloß und Garten vereinte, lagen kunstvolle Parterres. Drei radiale Ulmenalleen trafen am riesigen, halbrunden Eingangshof aufeinander.

Dieser ehrgeizigste Garten Frankreichs diente André Le Nôtre als Vorbild für seine späteren Pläne. Allerdings war der Besitz etwas

Apr., 16. Sept. bis Okt., So. u. Schulferien, 10–19; Mai bis Sept., tägl., 10–19

Weitere Informationen:
Place du Cardinal-de-Richelieu,
37120 Richelieu
Tel.: 02 47 58 10 09

Sehenswertes in der Nähe:
Richelieu (Altstadt); Azay-le-Richelieu (Schloß); Chinon (Altstadt, Schloß)

ungewöhnlich, denn er lag weitab vom Zentrum der Macht, und Richelieu hat ihn kaum bewohnt.

1805 wurde das Schloß abgerissen und die Gärten zu öffentlichen Parks umgewandelt. Die Straße nach Richelieu aus südöstlicher Richtung (D749 von Châtelleraud) folgt einer der alten Radialalleen. Der halbrunde Hof mit Mauern und Pavillons ist noch erhalten. Vom ehemaligen Eingang blickt man auf die Zentralachse.

Der heutige Zugang von der Stadt führt den Besucher direkt in den alten Ehrenhof, dessen Lage durch einen jämmerlichen Rosengarten und nachlässige Beete markiert ist. Nach Norden zu sind vom alten Garten nur noch zwei Grottenpavillons mit langen, niedrigen Giebeldächern und einer der Pavillons mit wunderbarem Kuppeldach erhalten – er stand in einem der ehemaligen Vorhöfe. Hier werden Erinnerungen an Richelieu ausgestellt, darunter ein prachtvolles Mo.dell von Schloß und Garten in ihrer Glanzzeit.

Wer die neu gepflanzten Alleen entlangspaziert, kann die Größe des Besitzes ermessen. Außerdem sollten Sie das Dorf Richelieu besuchen, das auf einer Achse mit dem Garten liegt undgleichfalls vom Kardinal erbaut wurde. Lemercier hat ein Straßengitter von überraschender Modernität entworfen; die *grande rue* wird noch immer von den kleinen *hôtels particuliers* gesäumt.

Das Eingangstor aus dem 17. Jahrhundert und die flankierenden Pavillons.

29 *Château de Sassy*

11 km südlich von Argentan über die N158 und Nebenstraßen

Das Schloß des 18. Jahrhunderts liegt auf einer Anhöhe mit wunderbaren Ausblicken über die ländliche Umgebung. In den 20er Jahren wurde Achille Duchêne beauftragt, ein Parterre im Stil des 17. Jahrhunderts an der Stelle des alten Küchengartens anzulegen. Jenseits des Burggrabens und einer Brücke liegt ein berauschendes *parterre de broderie* mit kunstvollen Buchsarabesken, dem Formschnitt und Hecken Struktur geben. Es wird durch eine Lindenhecke abgeschlossen, in deren Mitte sich, zwischen hohen Irischen Eiben, ein eleganter, kleiner Pavillon aus Ziegeln und Steinen erhebt. Dieser schönste aller wiederbelebten *jardins à la française* ist in dieser ländlichen Gegend um so überraschender.

Auf dem Weg zurück nach Saint-Christophe-le-Jajolet bietet sich ein unvergeßlicher Blick auf Schloß und Garten.

Apr. bis Okt., tägl., 15–18 (vormittags für Gruppen nach Vereinbarung)
siehe oben

Weitere Informationen:
61570 Saint-Christophe-le-Jajolet
Tel. und Fax: 02 33 35 32 66

Sehenswertes in der Nähe:
Caen (Altstadt, Abbaye aux Hommes)

30 *Thury-Harcourt: Château d'Harcourt*

26 km südwestlich von Caen über die D562

Ende des 2. Weltkrieges brannte das Schloß ab; die Überreste mit dem Burggraben stehen am Garteneingang. Ein breiter Weg mit überhängenden Bergahornen und Buchen führt an einem Feld entlang, rechts liegt die Landschaft des Calvados. Sicher sehr hübsch, aber man fragt sich, wozu man hier ist.

Doch dann breitet sich zu Füßen eines Hanges der üppige, bunte Blumengarten aus. Er wird durch vier breite Graswege gegliedert, die von bandartig schmalen Rabatten (vorwiegend Einjährige) in blendenden Farben gesäumt werden. An jeder Ecke steht ein großer Hibiskus. Eine dekorativ kombinierte Hecke aus Weißdorn, Hainbuche, Schlehe, Bergahorn und Japanischer Quitte umschließt den Garten. Ein Schild auf dem Hang weist den Weg zum Tunnel d'Orne. Der von alten Hainbuchen beschattete Weg führt zwischen Feldern hindurch, bis man nach einiger Zeit Wasser glitzern sieht: die von Pappeln und Weiden gesäumten Ufer der Orne. Hier gabelt sich der Weg, beide Strecken führen als wunderbarer Spaziergang am Ufer zurück zur Schloßruine.

An einem Wochentag im September ist Harcourt besonders schön. Der Blumengarten steht in voller Pracht, und man ist fast allein – eine Ausnahme in Frankreich.

Apr. u. Okt., So. u. Schulferien, 14.30–18.30; Mai bis Sept., tägl., 14.30–18.30

Weitere Informationen:
14220 Thury-Harcourt
Tel.: 02 31 79 65 41

Sehenswertes in der Nähe:
Caen (Altstadt, Abbaye aux Hommes)

Schmale Beete in prachtvollen Farben bilden den Blumengarten.

31 *Tours: Jardin Botanique*

Südwestlich des Stadtzentrums

Nov. bis Feb., tägl., 7.30–17.30; März bis Mai, Okt., tägl., 7.30–19; Juni bis Sept., tägl., 7.30–20

Weitere Informationen:
33, Boulevard Tonnelé,
37000 Tours
Tel.: 02 47 21 68 18
Fax: 02 47 37 99 46

Sehenswertes in der Nähe:
Tours (Cathédrale de Saint-Gatien, Musée des Beaux-Arts); Château d'Azay-le-Rideau; Loches (Altstadt, Schloß)

Der 1843 gegründete Garten war stets auf Heilpflanzen spezialisiert. Heute vereint er die Ansprüche eines wissenschaftlichen mit denen eines öffentlichen Gartens und ist für Gärtner sehr interessant. Hier wachsen über 4000 verschiedene Pflanzen, darunter bemerkenswert alte Exemplare, so ein *Ginkgo biloba* aus dem Jahr 1754 mit knorrigem Stamm und tief, fast horizontal abzweigenden Ästen – ein sehr ungewöhnlicher Baum. Gleich alt ist ein *Sophora japonica*, daneben gibt es wunderbare alte *Liriodendron tulipifera*, *Magnolia acuminata* und *Quercus macrocarpa*. In Versailles-Kübeln entlang des langen Mittelwegs wachsen Hochstamm-Bougainvilleas. Die beidseitigen Beete sind mit Sommerblumen bepflanzt, eine Reihe von *Magnolia grandiflora* bilden das Rückgrat. Der alte Küchengarten enthält nun die Heilpflanzensammlung.

Das bemerkenswerteste der alten Bauten ist ein rustikales Tierhaus mit Blumentöpfen, das aussieht wie aus Grimms Märchen. Der wunderbar gepflegte Rasen und die offenen Stellen im Mittelteil des Gartens erlauben einen Blick auf die prachtvollen Bäume.

Formale Gestaltung und üppige, kontrastierende Farben im Jardin Botanique in Tours.

32 *Château d'Ussé*

35 km südwestlich von Tours über die D7

Das Schloß aus hellen Steinen geht auf das Mittelalter zurück, wurde aber im 19. Jahrhundert umgebaut und stellt sich nun hinreißend romantisch dar: Türme, steile Dächer, hohe Kamine und eiserne Kreuzblumen. An der Zufahrt steht eine prächtige, alte Libanonzeder, dahinter weitere schöne Bäume in einem Wäldchen.

Die Hauptattraktion ist ein wunderbarer *jardin à la française* auf der Terrasse vor dem Schloß. Geschwungene Rasenflächen – jede mit einem runden Mittelbeet – umgeben einen ovalen Teich mit einer Fontäne. Das Ganze wird von schmalen, buchsgesäumten Beeten mit Sommerblumen eingerahmt. Entlang der Gartenrückseite reihen sich alte Zitruspflanzen (manche noch aus dem 17. Jahrhundert) in weißen Versailles-Kübeln auf. Hinter diesem streng formalen Garten schweift der Blick über eine ländliche Gegend mit Pappeln am Indreufer, Sonnenblumenfeldern und Wäldern über die hügelige Landschaft der Tourraine bis weit in die Ferne.

Feb. bis 15. März, tägl., 10–12 u. 14–17; 16. März bis Ostern, tägl., 9–12 u. 14–18; Ostern bis 13. Juli, tägl., 9–12 u. 14–18.45; 26. Sept. bis 11. Nov., tägl., 10–12 u. 14–17.50

Weitere Informationen:
37420 Rigny-Ussé
Tel. und Fax: 02 47 95 54 05

Sehenswertes in der Nähe:
Chinon (Altstadt, Schloß); Richelieu (Altstadt); Château d'Azay-le-Rideau

Der *jardin à la francaise* unterhalb der Wälle des Schlosses.

33 Le Vasterival

10 km westlich von Dieppe über die D75

nur nach Vereinbarung

Weitere Informationen:
76119 Sainte-Marguerite
Tel.: 02 35 85 12 05

Sehenswertes in der Nähe:
Küstenlandschaft von Caux

Trotz seiner Lage ist dieser außergewöhnliche Garten alles andere als französisch. Er wurde von Prinzessin Sturdza, einer Norwegerin, die mit einem Rumänen verheiratet ist, im Stil englischer Waldgärten angelegt. Der Garten wird durch den meernahen Standort geprägt. Bodenwellen und dichter Baumbestand unterstützen das milde Klima. Der nährstoffreiche, saure Lehm wurde durch eine tiefe Mulchschicht verbessert.

Prinzessin Sturdza begann 1957, den Garten anzulegen, inzwischen sucht er seinesgleichen. Es ist ein naturnaher Garten ohne Parterres, gerade Linien, Formschnitt oder Zierelemente. Er besteht aus fließenden Formen, aus Rasenflächen zwischen Pflanzengruppen, kühn geschwungenen Rabatten, und die pflanzlichen Formen fügen sich zur Architektur des Gartens zusammen. Hier wächst eine unglaubliche Zahl winterharter Pflanzen (mehrere tausend Arten und Sorten), darunter als wichtigste Gruppen Holzpflanzen (Kirschen, Hartriegel, Holunder, Rhododendron, Ahorn, Schneeball) und Stauden (Wolfsmilch, Farne, Nieswurz, Funkien und Schattenblumen), die den überall sorgfältig gepflegten Unterwuchs bilden.

Für Pflanzenliebhaber ist Le Vasterival ein Leckerbissen, aber abgesehen von seinen botanischen Meriten ist er landschaftlich wunderschön und unvergeßlich. Zu den besonders attraktiven Eindrücken gehört der Wechsel zwischen verborgenen Passagen, die zu dschungelartigen Pflanzgruppen führen, und offenen, langen, heiteren Durchblicken.

Es gibt bemerkenswerte Kombinationen, die häufig verblüffend einfach sind: Wellen aus *Cornus canadensis* gesprenkelt mit violettblauem Immergrün; eine säulenförmige Blutbuche neben einem goldenen Japanischen Ahorn; ein außergewöhnlicher Hügel aus niederliegenden Kirschen, durch dessen Zweige Salomonssiegel wächst; eine hellrosa, gefüllte Päonie hinter der milchkaffeebraunen Rinde eines *Acer griseum*.

Prinzessin Sturdza ist eine Gärtnerin mit phänomenalen Kenntnissen und Fähigkeiten. Da sie selbst die geführten Touren durch den Garten leitet, kann man sich von ihrem reichen praktischen Wissen überzeugen. Blickt man dann in den hervorragend gepflegten Garten, dessen Pflanzen vor Lebenskraft strotzen, dann bleibt kein Zweifel, daß sie weiß, wovon sie redet.

In einer Birkenlichtung leuchten die Etagenprimeln.

34 *Vernon: Château de Bizy*

2 km westlich von Vernon

Apr. bis Okt., tägl. außer Mo., 10–12 u. 14–18

Weitere Informationen:
27200 Vernon
Tel.: 02 35 51 00 82
Fax: 02 32 21 66 54

Sehenswertes in der Nähe:
Seinetal

Die spannenden Gärten des Château de Bizy sind fragmentarisch, aber wunderbar. Sie wurden Anfang des 18. Jahrhunderts – wahrscheinlich von Claude Desgots, einem Neffen André Le Nôtres – für den Maréchal de Belleisle gestaltet. In der Französischen Revolution wurde das Schloß zerstört, der Gartenschmuck blieb jedoch weitgehend erhalten und ging 1858 in einem klassizistischen Schloß von Baron Schickler auf.

An der Auffahrt vom Parkplatz zum Schloß liegt ein Trockenbecken mit prächtigen, bossenverzierten Urnen, dahinter, zwischen Linden und Roßkastanien, ein Teich mit einer Neptunfigur. Von hier führt ein Kanal zum Schloß, der in einem Paar Steindelphinen endet. Darunter zieht sich eine prachtvolle Steinmauer mit Nischen, Urnen und einer grotesken, wasserspeienden Maske entlang.

Auf einer Seite des Schlosses liegt die *Promenade de Vénus*, ein gänzlich anderer Garten. Hier findet man die Überreste schattiger Linden-Boskette und Buchsalleen, dazwischen schöne Statuen. Die Venus ist der Blickfang am Ende eines Durchblicks, der mit einer langen Allee von Hochstammlinden beginnt, die den Garten mit der Stadt Vernon verbindet.

Der Wassergarten im zentralen Ehrenhof wird von Balustraden verziert.

35 *Château de Villandry*

15 km westlich von Tours über die D7

Mai bis Juni, tägl., 9–19.30; Juli bis Aug., tägl., 8.30–20; Sept., tägl., 9–19.30, Okt., tägl., 9–18; Nov. bis Feb., tägl., 9–18; Apr., tägl., 9–19

Mitte Feb. bis März, tägl., 9.30–17; Apr. bis Juni, tägl., 9–18; Juli bis Aug., tägl., 9–18.30; Sept. bis Okt., tägl., 9–18; 1.–11. Nov., tägl., 9–17.30

Weitere Informationen:
37510 Villandry
Tel.: 02 47 50 02 09
Fax: 02 47 50 12 85

Sehenswertes in der Nähe:
Château d'Azay-le-Rideau; Chinon (Altstadt, Schloß); Tours (Musée des Beaux-Arts)

Villandry wird auch von Touristen besucht, die sich gar nicht für Gärten interessieren – eine verlockende Attraktion, mit der nur Versailles (siehe S. 80–83) und vielleicht Giverny (siehe S. 67) mithalten können. Wahrscheinlich ist er der meistbesuchte Garten Frankreichs (außer öffentlichen Parks). Unter diesen Voraussetzungen ist es ein Wunder, daß er sich nicht in einen Vergnügungspark verwandelt hat, sondern noch genauso aussieht wie bei meinem ersten Besuch, als er noch nicht so berühmt war. Allerdings sollten Sie nicht im August, zur Hauptferienzeit, dorthin fahren. Zum Glück ist er ganzjährig geöffnet, und man kann ihn an jedem Tag des Jahres besichtigen und genießen. Noch im tiefsten Winter wirken die nüchternen Muster des Parterres mit Hecken, Buchs- und Eibenformschnitt reizend. Sie zeichnen das Gestaltungsmuster ohne Störung durch Blätter und Blumen nach. Dieses Muster, das den Charakter des Gartens bestimmt, läßt sich im Winter am besten erkennen. Neben dem Winter gefällt

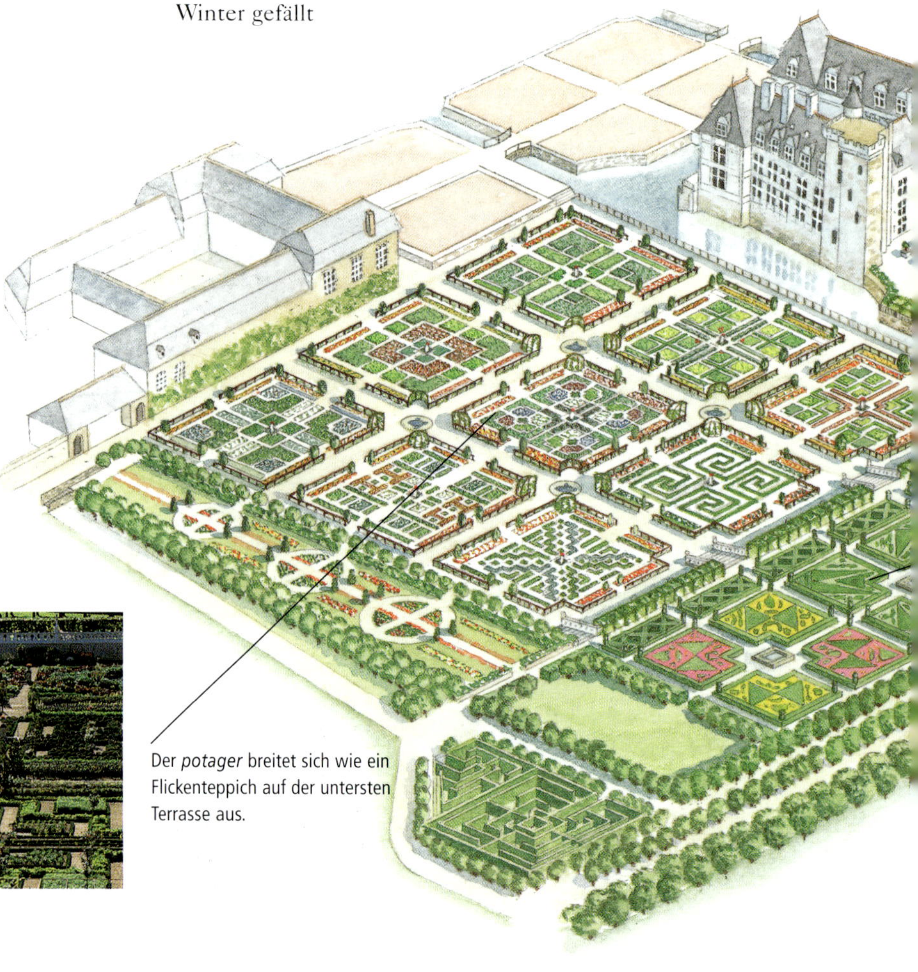

Der *potager* breitet sich wie ein Flickenteppich auf der untersten Terrasse aus.

Der *Jardin de Musique* entlang des Schlosses scheint voller musikalischer Bilder zu sein.

Das Detail des *potager* zeigt die kunstvollen Beetmuster.

Der *Jardin d'Amour* auf der zweiten Terrasse.

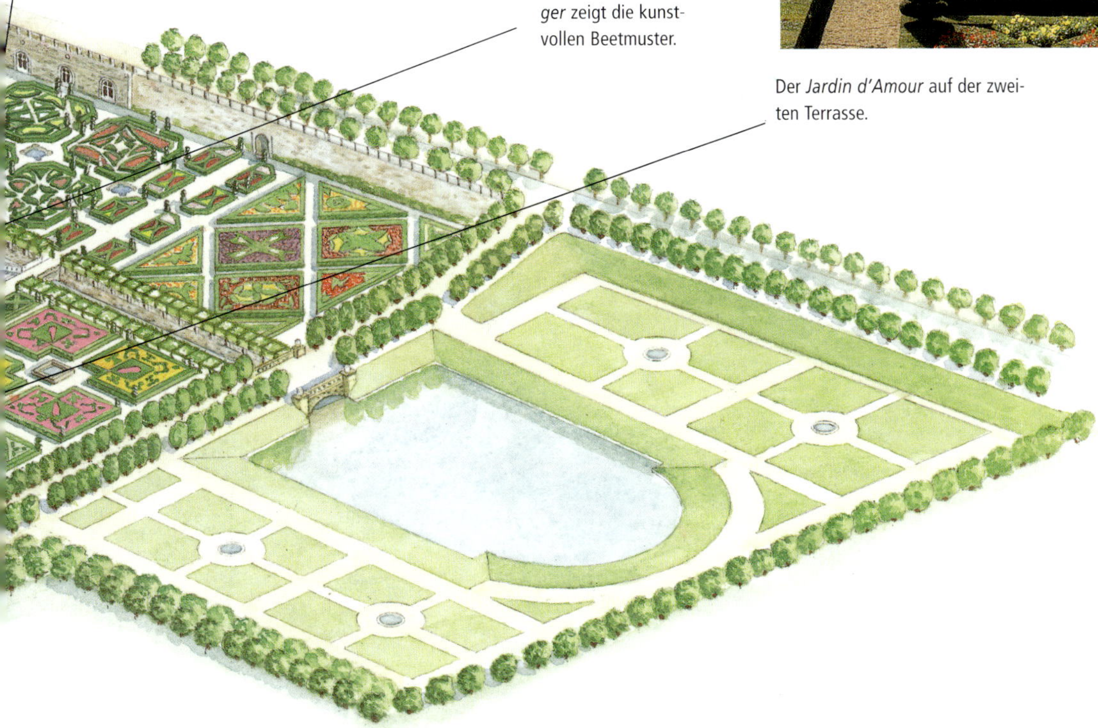

mir auch der Spätfrühling mit seinen frischen, grünen Blättern, oder Oktober oder November, wenn der Garten noch immer üppig blüht, aber auch von Früchten und Gemüse überquillt.

Von Villandry aus blickt man über den Cher, der wenig später in die Loire mündet. Der Ort ist alt – schon im Mittelalter stand hier eine Burg –, das heutige Schloß wurde jedoch erst 1536 von Jean Le Breton begonnen. Er war Minister am Hof von Franz I. Der Garten stammt vom Beginn des 20. Jahrhunderts, als Dr. Joachim Carvallo den Besitz kaufte, das Schloß restaurierte und einen neuen Garten anlegte. Er fand einen Englischen Garten vor, der überhaupt nicht zum Schloß paßte, also schuf er den neuen im Geist der Renaissance. So wie der Garten sich heute darstellt, geht er – bis auf einige Änderungen – auf Dr. Carvallo zurück. Das Gelände fällt leicht nach Norden ab und wurde in mehreren Ebenen terrassiert. Auf der untersten Ebene liegt der *potager* aus neun gleich großen Quadraten, jedes durch Zwergbuchshecken in Beete mit unterschiedlichen, kunstvollen Mustern gegliedert. Darin wachsen Frühlings- und Sommergemüse. Obwohl einige Stauden mehrere Jahre stehen bleiben, werden die meisten Gemüse und Einjährige Jahr für Jahr nach neuem Plan gesät. Manche Gemüse sind ausgesprochen dekorativ – roter Mangold, Salat mit ungewöhnlich geformten oder gefärbten Blättern, bunter Kohl usw. –, wesentlich für die Wirkung sind jedoch die geraden Reihen normaler Gemüse mit

Von der Schloßterrasse bietet sich das Gartenpanorama mit dem dahinter liegenden Dorf dar.

ihren Farben und Blättern. In den schmalen Beeten um jedes der Quadrate wachsen ein- oder zweijährige Zierpflanzen: im Frühling etwa Gänseblümchen (Sorten von *Bellis perennis*), Vergißmeinnicht, Veilchen und im Sommer Sonnenhut, Salbei und Verbenen. Die zierlichen Gitterlauben (*berceaux*) an den Ecken der Quadrate tragen Rosengirlanden.

Die zweite Terrasse enthält den formalen Garten, der sich auf zwei Seiten oberhalb des *potager* ausdehnt. Die Parterres bestehen aus Buchshecken, zwischen die Einjährige gepflanzt wurden. Hohe Formschnitteiben und Wasserfontänen sorgen in dem horizontalen Muster für Höhe. Vier Beete nahe am Schloß – der *Jardin d'Armour* – stellen auf symbolhafte Weise die Welt der Liebe dar. In Renaissancegärten waren solche Anspielungen üblich: Herzen, Masken und Flammen veranschaulichen die zärtliche Liebe, was durch rosa Farben noch unterstrichen wird. Schwerter und Dolche sind Symbole der tragischen Liebe (mit roten Blütenfarben). Verrückte, verzehrende Liebe wird durch Farbmischungen und deformierte Herzen repräsentiert, während Fächer (Symbole der frivolen Liebe) und Schmetterlingsflügel in vorwiegend gelben Tönen für die flüchtige Liebe stehen. Dazwischen findet man weitere Anspielungen, zum Beispiel Hörner für die Untreue.

Darüber erstreckt sich die dritte und gänzlich andere Ebene. Hier wird ein großer Teich von geometrischen Rasenflächen und kleineren Springbrunnen umgeben; am Rand verläuft ein Spazierweg aus Hochstammlinden. Von dieser kühlen, schattigen Aussicht kann der Besucher die kunstvollen Parterres zu seinen Füßen betrachten.

Verwaltung und Pflege eines solchen Gartens erfordern einen immensen Planungsaufwand. Allein Aufzucht und Pflanzung der Einjährigen sind ehrfurchtsgebietend. Um so verblüffender ist es, daß trotz dieses Aufwandes niemals der Eindruck von Stress oder Hast entsteht, sondern der hervorragend gepflegte Garten gelassene Heiterkeit ausstrahlt. Olivier de Serres, ein Autor des 16. Jahrhunderts, schreibt: „Gärten sollten von oben betrachtet werden können, entweder von erhöhten Terrassen oder von benachbarten Gebäuden aus.“ Genau dies gilt für die Gärten von Villandry, die zwar keine puristische Rekonstruktion der Renaissance darstellen, aber genau den Geist der brillant gefärbten damaligen Parterres wiedererweckt haben.

Im Hochsommer entfalten die Beetpflanzen des *potager* ihre größte Pracht.

Die Gärten

1 Château d'Anet
2 Château de Breteuil
3 Château de Bussy-Rabutin
4 Cassan: Pavillon Chinois
5 Château de Champs
6 Château de Chantilly
7 Chartres: Maison Picassiette
8 Maison de Châteaubriand
9 Arboretum National de Chèvreloup
10 Château de Courances
11 Domaine de Courson
12 Château de Dampierre
13 Château de Ferrières
14 Château de Fontainebleau
15 Giverny: Musée Claude Monet
16 Roseraie de L'Hay-les-Roses
17 Parc de Jeurre
18 Musée Départementale Albert Kahn
19 Château de Malmaison
20 Domaine de Marly
21 Meaux: Jardin Bossuet
22 Château de Rambouillet
23 Le Désert de Retz
24 Parc Jean-Jacques Rousseau
25 Parc de Saint-Cloud
26 Saint-Germain-en-Laye: Château de Saint-Germain-en-Laye
27 Saint-Germain-en-Laye: Musée du Prieuré
28 Domaine de Saint-Jean de Beauregard
29 Parc de Sceaux
30 Château de Vaux-le-Vicomte
31 Versailles: Château de Versailles
32 Versailles: Le Hameau
33 Versailles: Le Grand Trianon
34 Versailles: Le Petit Trianon
35 Versailles: Le Potager du Roi

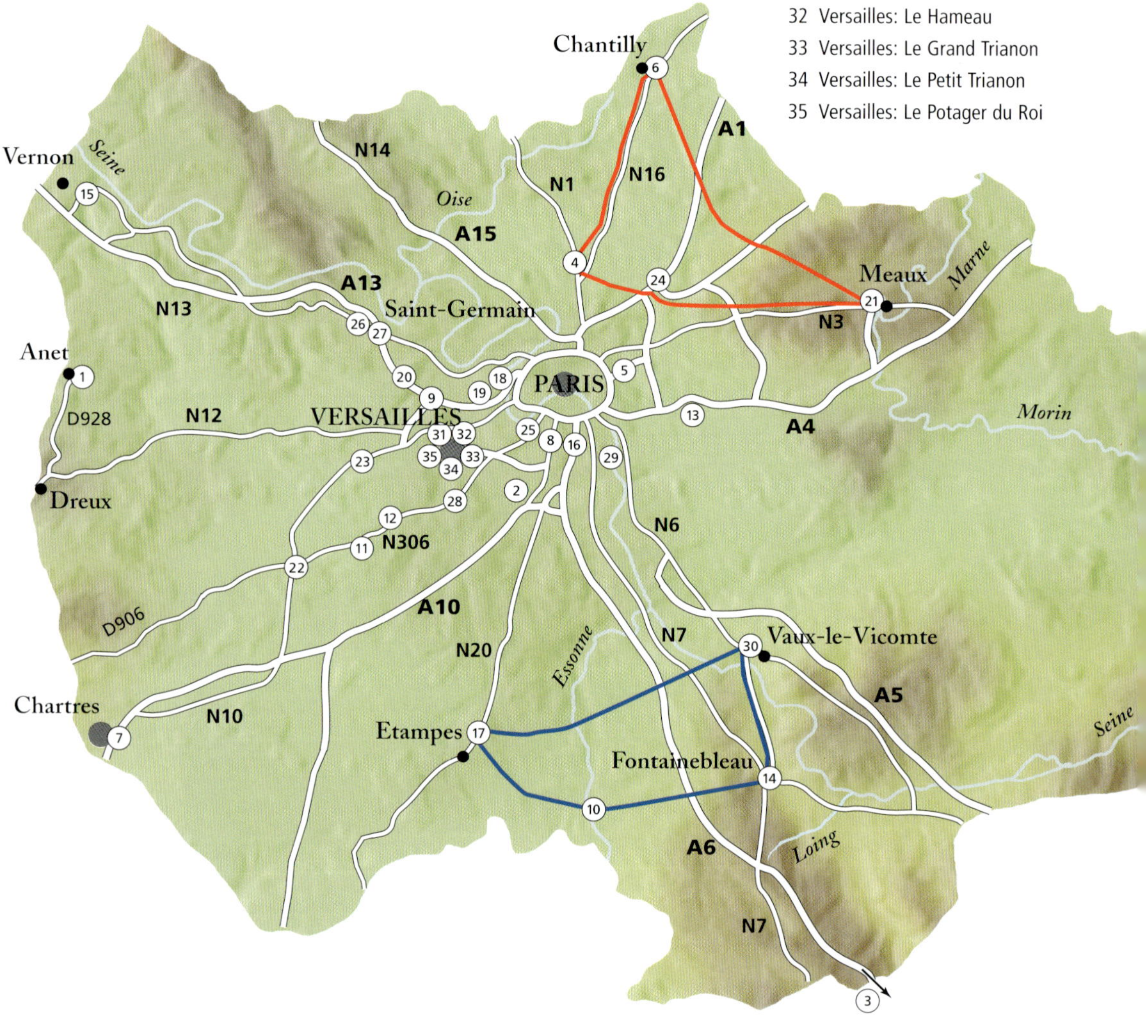

Legende

Autobahnen
Wichtige Fernstraßen
Gärten
Größere Städte
Kleinere Orte

Gartenreisen

Nördliche Tour: 6, 21, 24, 4
Südliche Tour: 30, 14, 10, 17

Ile-de-France und Umgebung

Macht und Reichtum kennzeichnen die Gärten der Ile-de-France. Der Hof, ob in Fontainebleau, Versailles, im Louvre oder in Saint-Germain-en-Laye, zog die Ehrgeizigen und Reichen magisch an. Das kontinentale Klima – heiße Sommer, rauhe Winter – ist nicht vorteilhaft für Gärten. Wie die vielen prachtvollen, alten Wälder – Marly, Rambouillet u. a. m. – zeigen, ist das Land aber fruchtbar und wasserreich. Hier liegen wertvolle, große Besitztümer, hier war der Wirkungsbereich André Le Nôtres. In der Tat sind hier alle wichtigen französischen Gartenstile, von der Renaissance bis zum 19. Jahrhundert, besser repräsentiert als irgendwo sonst im Land.

Seit dem 16. Jahrhundert bestimmte diese Region den Gartengeschmack Frankreichs. Franz I. zog zahllose italienische Künstler, Architekten und Bildhauer nach Fontainebleau, das ab 1528 von einem königlichen Jagdhaus in ein Schloß für einen Renaissancekönig umgebaut wurde. Im Château d'Anet (siehe S. 54) setzte Philibert de l'Orme als erster

Ein Pavillon des 18. Jahrhunderts überblickt den See des Château de Dampierre.

französischer Architekt die Erkenntnisse der Renaissance um.

Die goldene Zeit französischer Gartenkunst war die 2. Hälfte des 17. Jahrhunderts – das Zeitalter von Le Nôtre. Die Gärten, die Besucher heute faszinieren, gehen meist auf Besitztümer der Königsfamilie und ihrer Höflinge zurück. Darunter sind die Gärten von Versailles, aber auch Rambouillet (siehe S. 72), Marly (siehe S. 71), Fontainebleau (siehe S. 66) und Saint-Germain-en-Laye (siehe S. 77). Die Häuser der mächtigen Höflinge, wie Colbert in Sceaux (siehe S. 78–79) oder Fouquet in Vaux-le-Vicomte (siehe S. 79), sind auch ein Ausdruck von Ehrgeiz. In jener Zeit wollte jeder Schloßherr auch einen dazu passenden Garten besitzen. In Champs, Courances, Dampierre und Saint-Cloud wird die Kreativität jener Zeit wieder lebendig.

Im 18. Jahrhundert gewann der englische Landschaftspark an Bedeutung, obwohl man später vielen englischen Gärten die Formalität des 17. Jahrhunderts zurückgab. Zwei außergewöhnliche Beispiele blieben jedoch erhalten und zeigen englische Gärten, die nach französischem Geschmack verändert wurden. Der Parc Jean-Jacques Rousseau (siehe S. 75) hat viel seines elysischen Flairs bewahrt, und der Désert de Retz (siehe S. 74) belegt den Wunsch nach geheimnisvollen und pittoresken Gärten. Die Einflüsse setzten sich auch im nächsten Jahrhundert fort; es entstanden Gärten wie Châteaubriand im Vallée aux Loups und der Park der Rothschilds im Château de Ferrières.

Eigentlich gibt es in dieser Region keine nennenswerten Gärten des 20. Jahrhunderts. Allerdings gehört die Pflege und Restauration alter Gartenanlagen zu den wichtigen Merkmalen dieser Zeit. Die Ile-de-France mit ihren prächtigen Gärten ist einer der attraktivsten Teile des Landes. Keine andere Region Frankreichs bietet dem Besucher so viele Gärten auf engem Raum.

Das winterliche Wetter läßt die Magie der formalen Durchblicke in Versailles besonders deutlich werden.

1 Château d'Anet

20 km nordöstlich von Dreux, über die D928, in der Stadtmitte

Apr. bis Okt., tägl. außer Di., 14–18.30, So. u. Schulferien, 10–11.30 u. 14.30–18.30; Nov., Feb. u. März, Sa., So. u. Schulferien, 14–17
wie oben

Weitere Informationen:
28260 Anet
Tel.: 02 37 41 90 07
Fax: 02 37 41 96 45

Sehenswertes in der Nähe:
Chartres (Cathédrale de Notre-Dame); Versailles

Anet hat ein prachtvolles Schloß, sein Garten ist jedoch eher etwas für Historiker. Haus und Garten wurden von Philibert de l'Orme für Diane de Poitiers geschaffen, der die neuesten Erkenntnisse der italienischen Renaissance auf Frankreich übertrug. De l'Orme ordnete Haus und Garten in einer Achse an – damals revolutionär in Frankreich. Entlang der Achse legte er ein verschwenderisches Parterremuster an. Nach dem Tod Diane de Poitiers' wurde der Garten fast vollständig durch ein grandioses Barockschema ersetzt, das André Le Nôtre oder sein Neffe Claude Desgot planten. Dieses schließlich wurde im 19. Jahrhundert von einem Park im englischen Stil abgelöst, der noch immer nördlich des Hauses zu erkennen ist. Von dem ursprünglichen Renaissancegarten de l'Ormes blieben nur ovale Treppen, die zu einer kleinen Terrasse seitlich des Torhauses hinaufführen.

2 Château de Breteuil

35 km südwestlich von Paris, über die A13, A12A, N10 und Nebenstraßen

ganzjährig, tägl., ab 10 durchgehend; Gruppen nach Vereinbarung
ganzjährig, tägl., ab 14.30 durchgehend (So. ab 11)

Weitere Informationen:
Choisel, 78460 Chevreuse
Tel.: 01 30 52 05 11
Fax: 01 30 52 71 10

Sehenswertes in der Nähe:
Paris; Versailles

Eine Steinfigur zwischen Säulen aus Eibe.

Das Château de Breteuil in einer wunderschön bewaldeten Gegend atmet trotz seiner Nähe zu Paris den Geist der Abgeschiedenheit. Das elegante Schloß aus Steinen und Ziegeln wurde Anfang des 17. Jahrhunderts erbaut. Eine breite, gerade Straße führt auf Schloß und Ehrenhof an der Südseite zu. Hier findet man zwei einfache Rasenflächen mit schmalen, geometrischen, von Buchs gesäumten Beeten. Hinter dem Haus, in der Achse der Straße, liegt ein *jardin à la française*, der um die Jahrhundertwende von Henri und Achille Duchêne gestaltet wurde. Eine ruhige, große, von Formsteinen gerahmte Wasserfläche ist von Rasenstreifen mit Kissen aus beschnittenem Buchs umgeben. Nach Norden fällt das Gelände steil ab – der Blick wird beidseitig von dichtem Wald eingerahmt. Davor erstrecken sich Reihen von Eiben, die zu stumpfen Obelisken beschnitten sind und mit Statuen abwechseln. Auf den Hängen darunter wurde Buchs zu verschlungenen Formen beschnitten. Auf einer Seite steht eine Gruppe bemerkenswerter Waldkiefern. Nur von diesem Punkt aus sieht der Besucher die Achse, die sich hinter dem Hügel fortsetzt. Der Blick endet in einem Brunnen mit Fontäne, die von Buchs und Hainbuche eingerahmt wird.

Südöstlich des Schlosses liegt der Jardin des Princes, der 1991 geschaffen und nach dem Prinzen von Wales benannt wurde. Das Gelände dahinter wurde zu mächtigen Stufen terrassiert. Lag hier ein großartiger Renaissancegarten, der zum Schloß gehörte?

3 *Château de Bussy-Rabutin*

18 km südöstlich von Montbard, über die D905 und D954

Apr. bis Sept., tägl., Besichtigungen um 10, 11, 14, 15, 16, 17 u. 18 (1. Mai geschlossen); Okt. bis März, tägl. außer Di., Besichtigungen um 10, 11, 14 u. 15 (am 11. Nov., 25. Dez., 1. Jan. geschlossen)

Weitere Informationen:
21150 Bussy-le-Grand
Tel.: 03 80 96 00 03
Fax: 03 80 96 09 46

Sehenswertes in der Nähe:
Dijon; Weinberge der Côte d'Or

Das Schloß am Rand eines hübschen Dorfes liegt besonders schön oberhalb einer hügeligen, bewaldeten Landschaft mit verstreuten Gebäuden. Das von einem Wassergraben umgebene Schloß wurde 1649 für den Comte de Bussy-Rabutin, einen Vetter von Madame Sévigné, erbaut. Es hat zwei attraktive Fassaden: zum Dorf eine ländliche Stuckfassade mit zwei flankierenden Rundtürmen und eine repräsentative Eingangsfassade mit reicher Renaissancegliederung mit Pilastern, Giebeln und Nischen. Südöstlich des Schlosses erstreckt sich eine weite Gartenterrasse, die Ausblicke auf Land und Dorf gewährt. Der Garten besteht aus einem Parterre mit Rasen, die von schmalen Rabatten mit Rosen und Päonien umgeben sind. Von einem Brunnen in der Seitenmauer, der von einer Wasserträgerfigur verziert wird, fließt das Wasser durch eine enge Rinne in ein zentrales Becken. Seitlich der Terrasse verlaufen lange Kieswege mit klassischen Statuen und einem Paar länglicher Steinkuppeln. Auf der anderen Seite des Schlosses steigt das Gelände an. Hier laufen strahlenförmige Lindenalleen auseinander, und eine Statue zeigt Persephone, die von Pluto in die Unterwelt verschleppt wird.

Besucher sollten auf jeden Fall auch das Schloß mit seinen exquisit bemalten Räumen und anderen Sehenswürdigkeiten besichtigen. Der Garten gehört nicht zu den prachtvollsten seiner Gattung, fügt sich aber zusammen mit dem Schloß unwiderstehlich harmonisch in die Landschaft ein.

Die Südfassade des Schlosses mit einem Rundturm des 17. Jahrhunderts.

4 *Cassan: Pavillon Chinois*

In der Stadtmitte, 36 km nordwestlich von Paris, über die N1

ganzjährig, tägl., durchgehend

Weitere Informationen:
Rue de Beaumont,
95290 L'Isle-Adam
Tel.: 01 34 69 00 52

Sehenswertes in der Nähe:
Paris

Dieser Garten hebt die Stimmung, denn in einer anonymen Vorstadt taucht ein glänzendes chinesisches Gebäude zwischen den Bäumen auf. Es ist der einzige Überrest eines Landschaftsparks von Pierre-Jacques Bergeret de Grancourt. Von einer großen Italienreise (1773) kam er voller Begeisterung für Wassergärten zurück. Sein Garten, den er am Ufer eines künstlichen Sees anlegte, wurde im 2. Weltkrieg fast völlig zerstört – nur der Chinesische Pavillon wurde wunderschön restauriert. Er erhebt sich am Seeufer über gewölbtem Sockel, durch dessen Steinbögen die prächtigen Säulen einer Krypta sichtbar sind. Verputzte Ecksteine und fächerförmige Schlußsteine des Sockels gehen auf klassische Architektur zurück. Das darüberliegende luftige Oktogon ist jedoch durch und durch chinesisch. Das Innere ist mit Chinoiserien bemalt, die Vögel und beblätterte Zweige in verblichenem Orange und rauchigem Blau darstellen.

Seine Schönheit käme sicher vom anderen Ufer des Sees aus besser zur Geltung. Leider ist dieser Ausblick nicht möglich, da rund um den See Neubauten errichtet wurden. Dennoch verdient die seltene Qualität des Baus einen Besuch.

Der Chinesische Pavillon war zentraler Blickpunkt in einem zerstörten Park des 18. Jahrhunderts.

5 *Château de Champs*

20 km östlich von Paris, über die A4, Ortsmitte

Das Marnetal wird heute von modernen Städten und Industrie geprägt, nicht zu vergessen Disneyland. Schloß und Garten von Champs erinnern an andere Zeiten. Das Schloß wurde im 18. Jahrhundert für den Finanzier Paul Poisson erbaut, die Gärten hat Claude Desgots um 1710 geschaffen. Die Familie Poisson wurde während der Französischen Revolution enteignet und der Garten in Ackerland verwandelt. 1895 restaurierte ihn Henri Duchêne in großartigem Barockstil.

Man betritt das Schloß von der Hauptstraße des Ortes. Obwohl die Gärten hinter dem Haus liegen, sind sie durch eine Achse mit dem Schloß und der Dorfstraße verbunden. Sie schneidet einen Halbkreis, der von Wegen unter Roßkastanien eingefaßt wird, und setzt sich in einer Lindenallee fort. Eine Terrasse hinter dem Schloß wird von Oleandern, Palmen und Zitrusfrüchten in Versailles-Kübeln verziert. Stufen führen hinab zu einem riesigen *parterre de broderie* mit Buchs, das von einem Paar steinerner Sphinxe bewacht wird. Am Ende der Parterres liegt ein großer, runder Teich mit einer zentralen, nackten Figur, die von Monstern angegriffen wird. Eine Querachse endet mit je einer Figur – Diana und Apollon – in der Mitte kleiner, buchsgesäumter Parterres, die locker mit Blumen bepflanzt sind. Stufen führen hinunter auf einen breiten, von Roßkastanien gesäumten Kiesweg. Aus der Ferne, am Ende eines riesigen Rasenrechtecks, grüßt eine Skulptur der Pferde des Apollon.

Apr. bis Sept., Mo. bis Fr., 10–12 u. 13.30–17.30 (Sa., So. u. Schulferien um 18, am 1. Mai ganz geschlossen); Okt. bis März, tägl., 10–12 u. 13.30–16.30 (am 1. u. 11. Nov., 25. Dez., 1. Jan. geschlossen)
wie oben

Weitere Informationen:
31, Rue de Paris,
77420 Champs-sur-Marne
Tel.: 01 60 05 24 43
Fax: 01 64 68 26 11

Sehenswertes in der Nähe:
Paris

In grandiosem Stil: Die Blickachse des formalen Gartens.

6 *Château de Chantilly*

40 km nördlich von Paris, über die N16, in Chantilly

Chantilly ist wegen der Pferderennen bekannt; das Dorf duftet nach Pferdeatmosphäre. Für Gartenliebhaber zeigt der majestätische formale Wassergarten André Le Nôtre in seiner ganzen Meisterschaft. Da das Renaissanceschloß ihm keinen Fixpunkt für die Gestaltung lieferte, schuf Le Nôtre statt dessen eine starke Achse, die quer zur Esplanade des Schlosses verläuft und über eine mächtige Treppe zu einer tiefer liegenden Terrasse führt. Er gestaltete die Wassergräben zu einem rechteckigen Teich um, der von Wasserparterres flankiert und am Ende von einem mächtigen Kanal gekreuzt wird, für den Le Nôtre die Nonette umleitete. Am anderen Ufer des Kanals formte er den Hang zu einem grünen Amphitheater. Gruppen von Bäumen bilden grüne „Flügel" an den Seiten. All dies ist heute noch zu betrachten, es ist heiter mit schönen Statuen und Urnen verziert und dürfte noch so aussehen wie zu Le Nôtres Zeiten. Die

März bis Okt., tägl., 10–18 (Di. von 12.45–14 geschlossen); Nov. bis Feb., tägl., 10.30–12.45 u. 14–17
wie oben; Di. mittags geöffnet

Weitere Informationen:
Postfach 79243,
60631 Chantilly Cédex
Tel.: 03 44 62 62
Fax: 03 44 62 62 61

Sehenswertes in der Nähe:
Chantilly (Musée Condé, Grandes Ecuries); Beauvais (Cathédrale de Saint-Pierre); Paris (Palais de Compiègne)

Gärten beidseitig des Wassergartens sind locker gestaltet. Im Osten liegt Le Hameau, eine Reihe von Holzgebäuden (1774), die älter sind als der berühmte Hameau in Versailles. Im Westen liegt ein Englischer Garten von 1820 mit Bächen, Wäldchen und der Ruine eines Venustempels. Obwohl beide durchaus charmant sind, bleibt doch der dramatisch einfache Wassergarten Le Nôtres im Gedächtnis haften.

7 *Chartres: Maison Picassiette*

Südöstlich der Stadtmitte

Apr. bis Okt., tägl., 10–12 u. 14 bis 18; Gruppen nach Vereinbarung (Tel.: 02 37 36 41 39)

Weitere Informationen:
22, Rue du Repos,
28000 Chartres
Tel.: 02 37 34 10 78

Sehenswertes in der Nähe:
Cathédrale de Notre-Dame

In einem anonymen, beinahe trostlosen Viertel der Stadt liegt einer der bemerkenswertesten Gärten Frankreichs. Er ist das Werk von Raymond Isidore (1900–1964), einem Straßenarbeiter mit einer künstlerischen Ader. Er begann dekorative Tonscherben zu sammeln und schmückte damit die Mauern seines kleinen Gartens. Zuweg und Nebengebäude sind von lebendigen, farbigen Mosaiken verziert – Vögel, Blumenvasen, seine gotischen Lieblingskirchen, Schiffe und abstrakte Muster. Stühle, Blumentöpfe und Plinthen aus Zement verzierte er ebenso mit farbigen Mustern wie die Wände von Nebengebäuden. Im eigentlichen Garten erhebt sich ein Eiffelturm mit Blumenmuster über Petunien, und unter Apfelbäumen stehen heitere Statuen des Künstlers und seiner Frau. In den Bildern finden sich viele religiöse Motive – die Jungfrau Maria, ein Hirte, der einen Stern betrachtet, usw. Es wäre falsch, dies alles als naiven Kitsch zu bezeichnen, denn Isidore hat die Bruchstücke durchaus künstlerisch zu Mustern von köstlicher Virtuosität und erfindungsreich zusammengefügt. Die Wirkung ist hinreißend, etwa so, als tränke man eine halbe Flasche Champagner auf einen Zug.

Sorgfältig gefügte, prächtige Mosaike aus Porzellan verzieren die Gartenmauern.

8 *Maison de Châteaubriand*

13 km südlich von Paris, über die N306

Apr. bis Sept., tägl. außer Mo., 10–12 u. 14–18; Okt. bis Dez., Feb. bis März, tägl. außer Mo., 14–17
wie oben

Weitere Informationen:
87, Rue de Châteaubriand,
92290 Chatenay-Malabry
Tel.: 01 47 02 58 61
Fax: 01 47 02 05 57

Sehenswertes in der Nähe:
Paris; Versailles

Der romantische Schriftsteller François-René de Châteaubriand zog 1807 in das Vallée aux Loups. In „ma chère vallée“, wie er es nannte, legte er einen Garten an und pflanzte viele Bäume, für die er sich besonders interessierte.

Châteaubriands Haus und Waldgarten wurden sorgfältig restauriert. Sie stellen nicht nur ein reizendes Ziel dar, sondern erlauben auch Einblicke in Leben und Charakter des Schriftstellers. Vom Eingang aus steigt ein langer, gewundener Waldweg an, der bald an einem mit Türmchen verzierten Haus endet. Es blickt über ein langes, weites Wiesental, das auf beiden Seiten dicht mit Bäumen bepflanzt wurde. Auf einer Seite des Tals führt ein Weg zwischen schönen Einzelbäumen hinab, die zum Teil noch aus Châteaubriands Zeit stammen. Im Wald steht der Tour Velleda, ein zweistöckiger Turm. Man kann das Arbeitszimmer durch eine Glastür bewundern. Der Weg zurück zum Haus führt an weiteren außergewöhnlichen Bäumen vorbei – darunter einige sehr große Libanonzedern, die der Autor selbst gepflanzt hat. Aus finanziellen Gründen mußte Châteaubriand das Anwesen 1818 verkaufen – „der einzige Verlust, den ich wirklich bedauere“.

Die perfekte Zuflucht eines Schriftstellers liegt romantisch unter Bäumen.

9 *Arboretum National de Chèvreloup*

Nördlich vom Versailler Schloß, an der Straße nach Saint-Germain-en-Laye

Apr. bis 15. Nov., Sa., So., Mo. u. Schulferien, 10–17; Gruppen auch nach Vereinbarung

Weitere Informationen:
30, Route de Versailles,
78150 Rocquencourt
Tel.: 01 39 55 53 80
Fax: 01 39 54 74 97

Sehenswertes in der Nähe:
Saint-Germain-en-Laye; Versailles; Paris

Das Arboretum ist nicht nur ein atemberaubender Ort für historisch Interessierte, sondern enthält auch eine schöne Sammlung außergewöhnlicher Baumarten. Es gehört zum alten königlichen Besitz von Versailles und wurde von Ludwig XIV. 1699 erworben. 1759 bepflanzte Bernard de Jussieu den Garten nach seinem botanischen System. Die von ihm gepflanzten Bäume stehen heute noch, darunter eine wunderschöne *Sophora japonica*, die aus den ersten Samen gezogen wurde, die 1747 von China nach Europa kamen. Nachdem es einige Zeit vernachlässigt war, wurde das Arboretum 1940 Teil des Muséum National d'Histoire Naturelle. Die Bäume tragen Plaketten, und Schilder weisen den Besucher zu besonders interessanten Exemplaren. Obwohl man wenig Wert auf landschaftliche Gestaltung gelegt hat, findet man doch prächtige Baumgruppen.

Apr. bis Okt., Sa., So. u. Schulferien, 14–18.30; für Gruppen (mind. 20 Personen, nach Vereinbarung) auch wochentags
wie oben

Weitere Informationen:
91490 Courances
Tel.: 01 40 62 07 62
Fax: 01 47 05 04 89

Sehenswertes in der Nähe:
Forêt de Fontainebleau

10 *Château de Courances*

61 km südlich von Paris, über die A6 und D372

Der Garten von Courances gehört zu den schönsten und beliebtesten Gärten Frankreichs. Obwohl sich seine Bestandteile einfach beschreiben lassen, trägt die Atmosphäre des Ortes viel zu seiner Magie bei. Ein Grund dürfte die private Nutzung sein – er ist noch nicht im Besitz eines leblosen Komitees. Außerdem entfaltet sich sein Charme unter den unterschiedlichsten Umständen. Ich habe ihn fast als einziger in strömendem Regen besichtigt, und er war außerordentlich schön. Bei meinem letzten Besuch, an einem Sonntag im September, teilte ich meine Begeisterung mit zahllosen Besuchern.

Das Schloß geht auf das 16. Jahrhundert zurück, entstammt im wesentlichen aber einem Umbau des 17. Jahrhunderts von Claude Gallard, der auch den formalen Garten anlegte. Zeitgenössische

Zwei elegante Pavillons bewachen den Eingang zum Schloß.

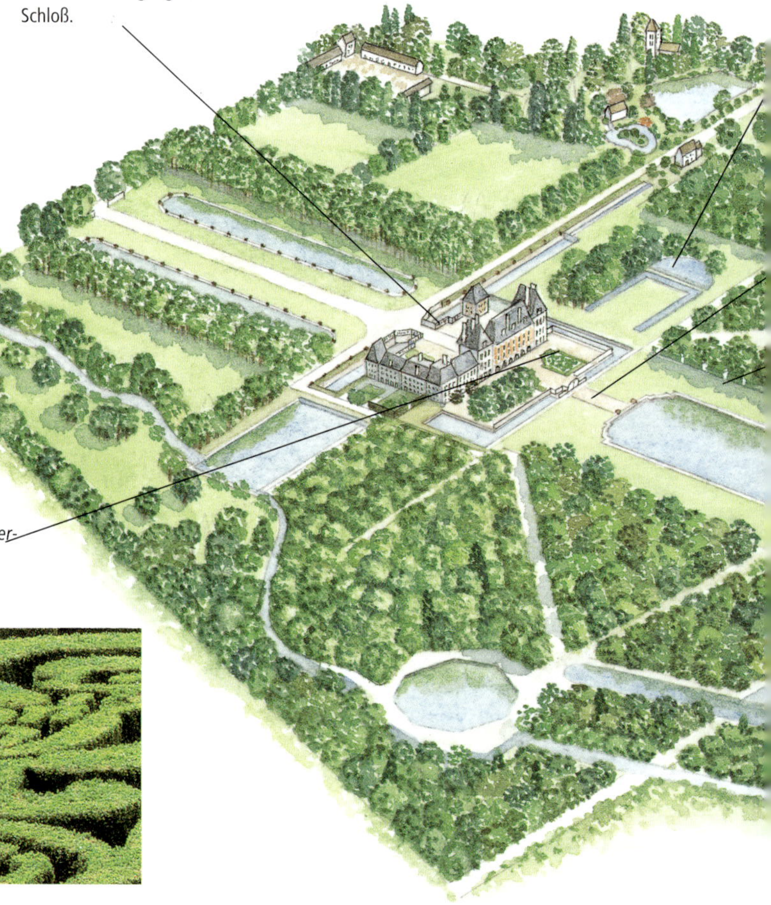

Vor der Südfassade liegt ein *parterre de broderie* aus Buchs.

Überall im Garten wird Wasser als dekoratives Element eingesetzt.

Die Südfassade des Schlosses spiegelt sich im großen Wasserbecken.

Die nach Süden führende Hauptachse des Gartens zieren schöne Statuen.

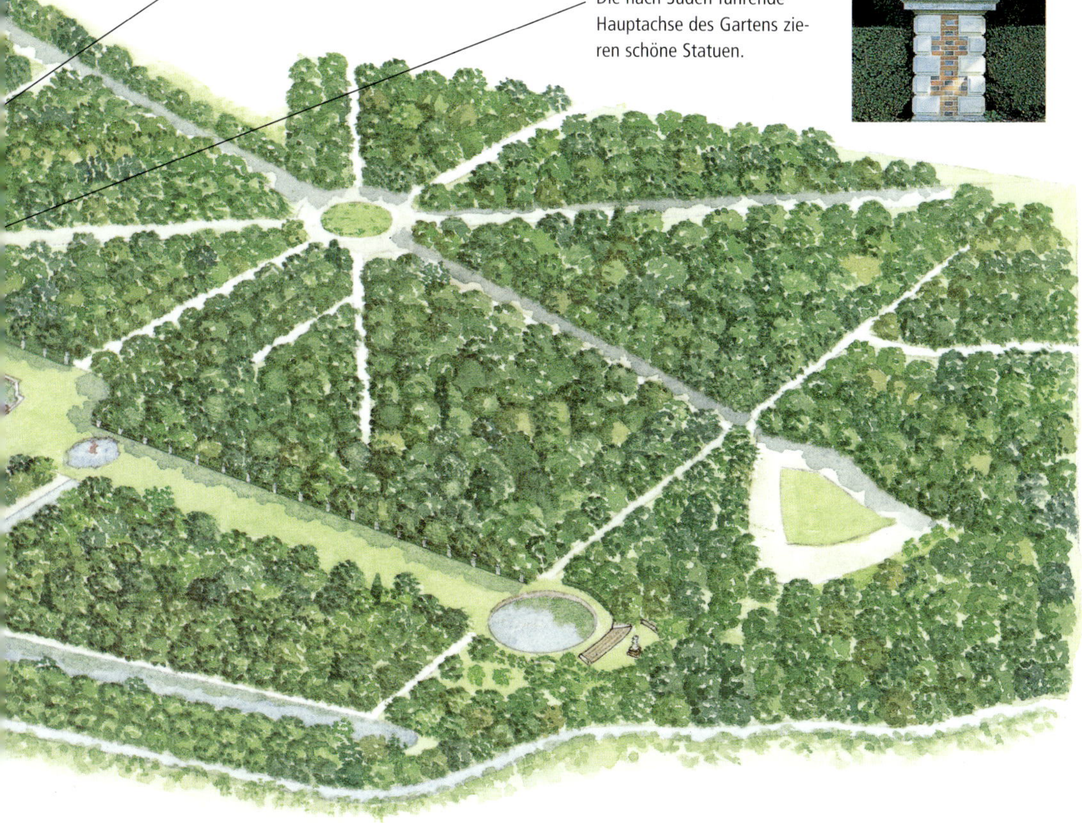

Stiche zeigen die verbindende Zentralachse: Sie verläuft in Nord-Süd-Richtung und ist auf die Zufahrt und das Schloß ausgerichtet. Auf der Südseite, umgeben vom Wassergraben, liegt ein *parterre de broderie*, das auf beiden Seiten von Wäldern mit Alleen gesäumt wird. All diese Elemente sind noch heute sichtbar.

Der Besitz blieb bei der Familie Gallard und kam dann durch Heirat an den Marquis de Nicolay, der durch die Guillotine starb. Seine Witwe und sein Sohn blieben bis 1830, dann stand das Schloß 40 Jahre leer, bis es Baron de Haber kaufte, ein Vorfahr des heutigen Eigentümers. Jules Le Couer, der den Garten 1866 mit den Malern Renoir und Sisley besuchte, beschreibt den Verfall sehr eindrucksvoll: „Solch ein wundervolles, verlassenes Schloß ... umgeben von Wasser und ungepflegt, erinnert an ein Zuckerstück, das in einer feuchten Ecke vor sich hin schmilzt." Haber restaurierte Schloß und Garten, letzteren im Stil eines englischen Landschaftsgartens. Kurz vor Ausbruch des 1. Weltkrieges beauftragte der Marquis de Ganay – Habers Schwiegersohn – Achille Duchêne damit, dem Garten etwas von seinem Aussehen des 17. Jahrhunderts wiederzugeben. Ihm verdanken wir die heutige Anlage.

Wasser ist ein Schlüsselelement von Courances. Nicht nur, daß hier zahlreiche Quellen entspringen, die Ecole, die am Westrand vorbeifließt, liefert auch Wasser für einen großen Kanal. Wasser und seine Bedeutung für das Baumwachstum – das fällt schon am Schloßeingang auf. Vom Dorf führt eine prachtvolle Doppelallee aus Platanen geradewegs zum Ehrenhof des Schlosses. Diese mächtigen, 1782 gepflanzten Bäume bieten einen Vorgeschmack auf die

Der japanische Garten mit Ahornen und Blütensträuchern spiegelt sich in einem Teich.

vielen prachtvollen Bäume des Gartens. Zwischen den beiden Baumreihen verlaufen schmale Kanäle, die zusammen mit der Allee als starke Achse zum Schloß und darüber hinaus führen.

Vor den Fenstern der Südfassade des Schlosses liegt ein vom Wassergraben eingeschlossenes *parterre de broderie*, das von Duchêne angelegt und 1954 neu bepflanzt wurde. Nach den Regeln klassischer französischer Gartenarchitektur sollten die Muster mit Entfernung vom Haus zunehmend einfacher werden. Dieses elegante, aber bescheidene Parterre bildet die perfekte Einleitung für die dahinter liegenden, einfachen Elemente. Jenseits des Wassergrabens setzt ein riesiges Wasserbecken die Achse fort. An dessen Ende verschmälert sich der Durchblick und erzeugt durch die falsche Perspektive den Eindruck größerer Weite. Zentraler Blickpunkt ist eine Herkulesfigur, die ein rundes Becken überblickt. In dem Wäldchen westlich davon verläuft der große Kanal zwischen breiten Rasenwegen und Buchshecken. Im Winkel dazu schließt sich ein kleinerer, gestufter Kanal an, der sanft zur Zentralachse abfällt. Außer ein oder zwei Zierelementen überzeugt dieser Gartenteil allein durch Wasser, Rasen, Bäume und Hecken.

Östlich des Schlosses, am Ufer eines geschwungenen Teiches, liegt ein chinesischer Garten mit kristallklarem Wasser, auf dem eine brillante, grüne Grasfläche zu schwimmen scheint. Eiben wurden zu Kuppeln beschnitten, und Japanische Ahorne neigen ihre Zweige über das Wasser. Ein schöner *Liquidambar styraciflora* sorgt für vertikale Spannung, und überall findet man attraktiv beblätterte Stauden. Ein dekorativer Bau, eine ehemalige Walkmühle, bietet pittoresken Kontrast. Man spürt etwas vom Geist des Hameau in Versailles – allerdings durch östliche Augen gesehen.

Aus einem Fischmaul ergießt sich Wasser in einen Kanal.

Der Schlüssel zum Garten – Baumalleen, die sich in ruhigem Wasser spiegeln.

11 *Domaine de Courson*

35 km südwestlich von Paris, über die A10

variabel; rufen Sie an, um Genaueres zu erfahren
wie oben

Weitere Informationen:
Domaine de Courson
Tel.: 01 64 58 90 12
Fax: 01 64 58 97 00

Sehenswertes in der Nähe:
Chartres (Cathédrale de Notre-Dame); Paris; Versailles

Ein Vetter Napoleons brachte das Schloß Courson an sich und beauftragte L.-M. Berthault, einen Park hinter dem Schloß anzulegen. Die Gebrüder Bühler vergrößerten den See und pflanzten viele Bäume; zwischen 1920 und 1950 fügte der damalige Besitzer, Comte Ernest de Caraman, eine Sammlung von Rhododendren hinzu. Zeitgenössische Landschaftsarchitekten haben den Park ständig durch weitere Pflanzungen bereichert. Obwohl viele Gärtner beteiligt waren, wirkt der Park vor allem durch seine Harmonie. An den Seeufern wachsen schöne Buchen, Platanen, Waldkiefern und Sumpfzypressen. Sie schützen später gepflanzte Zierbäume und -sträucher – darunter Ahorne, Hartriegel, Eichen und Magnolien. Trotz der dekorativen Stauden sind die Bäume die Sehenswürdigkeit des Gartens. Courson ist auch bekannt für seine *Journées des Plantes*: Im Mai und Oktober stellen Baumschulen und Gartenausstatter ihre Produkte vor, daneben gibt es interessante Veranstaltungen für Gärtner.

12 *Château de Dampierre*

35 km südwestlich von Paris, über die N118, N306 und D58

Apr. bis Mitte Okt., tägl., 11–18.30
wie oben, aber 14–18.30

Weitere Informationen:
78720 Dampierre
Tel.: 01 30 52 53 64
Fax: 01 30 52 51 21

Sehenswertes in der Nähe:
Versailles; Paris

Das Schloß des 17. Jahrhunderts spiegelt sich in Le Nôtres Wassergarten.

Das Schloß mit Wassergraben wurde in den 1680er Jahren für den Duc de Chevreuse von Jules Hardouin-Mansart in schöner Lage in der Dorfmitte erbaut. Die Achse, die seine Bauteile verbindet, läuft über die Dorfstraße nordwärts. Eine urnenverzierte Balustrade ist auf den Schloßeingang ausgerichtet, darüber steigt ein Wiesenhang zwischen den wiegenden Zweigen von Roßkastanien an.

Für seine majestätische Landschaft nutzte André Le Nôtre vorhandene Kanäle hinter dem Schloß, die den Blick nach Süden einrahmen. Das Schloß blickt über rechteckige Teiche und Rasen. Dahinter liegt ein von Balustraden umgebener Teich, wo das Gelände zu einem muschelartigen Amphitheater ansteigt; am Kopfende befindet sich der „Raub der Sabinerinnen" in Stein. Am Ende eines breiten, gebogenen Kanals, der gleichfalls von Roßkastanien gesäumt wird, dient ein attraktiver Pavillon als Blickfang – bossierte Steine mit eingefügten Tuffsteinen und Putten, die ausgelassen mit Löwen oder Delphinen herumtollen. Gehen Sie am Nordufer des Kanals bis zum Ehrenhof zurück. Dort wurden Arkadenreihen der Nebengebäude mit steinernen Köpfen von Pferden und Hirschen verziert. Le Nôtres Plan bettet das Schloß fest in die markante Landschaft ein, wobei der Spaziergang am Kanal entlang dem Besucher ständig neue Ausblicke bietet.

13 *Château de Ferrières*

35 km östlich von Paris, neben der A4

Mai bis Sept., tägl. außer Mo. u. Di., 14.00–17.00; Nov. bis Apr., Sa., So. u. Mi., 14.00–17.00; Gruppen auch nach Vereinbarung

Weitere Informationen:
77164 Ferrières
Tel.: 01 64 66 31 25

Sehenswertes in der Nähe:
Paris

Die französischen und englischen Rothschilds beschäftigten häufig dieselben Architekten und Gartenplaner. Sir Joseph Paxton vereinigte in seiner schillernden Persönlichkeit beide Fähigkeiten. Zwischen 1850 und 1855 baute er Mentmore in England für Baron Meyer Amschel de Rothschild. 1853 wurde er von Baron James de Rothschild mit dem Bau eines Schlosses mit Garten in Ferrières mit folgenden Worten beauftragt: „Bauen Sie mir Mentmore, nur großartiger.“ In den Augen der Zeitgenossen war das Haus „lächerlich“, heute wird der Bau jedoch als eine der größten Schöpfungen Paxtons angesehen.

Vor dem Haus liegt ein formaler Garten, dahinter ein Park und ein lebendiger Terrassengarten. Von der gepflasterten Terrasse hinter dem Haus führt eine Doppeltreppe auf die untere Ebene. Sie wird von Formschnitteiben verziert; dazwischen befinden sich zwei schläfrige Löwen, die den Park zu ihren Füßen kaum zu beachten scheinen. Paxton ließ einen Fluß zu einem See aufstauen, dessen Ufer er zurückhaltend mit Baumgruppen bepflanzte. Viele Arten wurden mehrfach verwendet, außerdem fügte er typische Parkbäume des 19. Jahrhunderts hinzu. Es gibt prachtvolle Exemplare von *Cedrus libani* ssp. *atlantica* (Glauca Gruppe), *Taxodium distichum*, *Sequoiadendron giganteum* und *Thuja plicata*.

Verpassen Sie auf dem Weg zurück nicht die *Sequoiadendron giganteum*, die Kaiser Napoleon III. 1862 pflanzte. Die ersten Samen waren erst neun Jahre zuvor nach Europa gekommen und eroberten den Kontinent im Sturm.

Das Ufer des Sees vor dem Schloß wurde zurückhaltend mit Bäumen bepflanzt.

14 Château de Fontainebleau

65 km südöstlich von Paris, über die A6, in der Ortsmitte

Frühling u. Sommer, tägl., 8–19.45; Herbst u. Winter, tägl., 9–16.45
Juni bis Okt., tägl. außer Di., 9.30–17 (Juli u. Aug. ab 18 geschlossen); Nov. bis Mai, tägl. außer Di., 9.30–12.30 u. 14–17 (25. Dez., 1. Jan., 1. Mai geschlossen)

Weitere Informationen:
77300 Fontainebleau
Tel.: 03 60 71 50 70
Fax: 03 60 71 50 71

Sehenswertes in der Nähe:
Paris

Fontainebleau ist der königliche Palast mit der größten historischen Nachwirkung in Frankreich – „ein Jahrhunderthaus, ein wirklich königliches Haus", sagte Napoleon. Franz I. gab den Renaissancepalast 1528 in Auftrag, der noch heute im Zentrum des Besitzes liegt.

Der Bau aus Steinen und Ziegeln ist eine bezaubernde Mischung aus Phantasie und Schlichtheit. Gleichzeitig wurde ein passender Garten angelegt, den Katharina von Medici später im 16. Jahrhundert unter italienischem Einfluß stark vergrößern ließ. Bis heute blieben wesentliche Teile erhalten: der See unter dem Cour de la Fontaine, die Grotte des Pins (wahrscheinlich von Francesco Primaticcio) und die Allee zur Porte d'Orée.

Seit 1661 schuf André Le Nôtre – sehr früh in seiner Karriere – mehrere Entwürfe, darunter ein riesiges vierteiliges Parterre südöstlich des Schlosses, das noch heute in vereinfachter Form besteht. Ein quadratischer Teich mit gestufter Fontäne wird von Kieswegen und Rasen mit kuppelförmig beschnittenen Eiben und im Sommer von Beeten gesäumt. Rund um das Ganze führen schattige, stattliche Wege mit Kopflinden.

Le Nôtre hielt das flache Gelände für weniger geeignet, dramatische Höhenstufen wie im Château de Vaux-le-Vicomte (siehe S. 79) einzubauen. Napoleon liebte Fontainebleau jedoch. „Mein englischer Garten ist der Wald von Fontainebleau." Außerdem gefielen ihm das Schloß und der formale Garten, der sich zum Ehrenhof westlich des Schlosses öffnete (der heutige Zugang).

Satte Rasenflächen mit Eibenkegeln an den Ecken liegen hinter blauen und vergoldeten Geländern im Empirestil. In der Mitte führt eine dekorative Reihe von Zitruspflanzen in dunkelgrünen Versailles-Kübeln zur berühmten gewundenen Doppeltreppe.

Später im 19. Jahrhundert wurde das Gelände westlich des Sees im englischen Landschaftsstil gestaltet; heute stehen dort Kopien klassischer Statuen. Obwohl die Bepflanzung vor allem historischen Wert hat, ist sie noch immer von kraftvoller Wirkung. Der Garten ist täglich und kostenlos für Besucher geöffnet und wird auch von den Einwohnern des Ortes geschätzt, die ihn als prächtigen Park nutzen. So erhält die majestätische Umgebung den Anstrich von Geschäftigkeit.

Der helle Steinpavillon des 18. Jahrhunderts scheint über dem Wasser zu schweben.

15 *Giverny: Musée Claude Monet*

4 km südöstlich von Vernon, über die D5

Apr. bis Okt., tägl. außer Mo., 10–18
wie oben

Weitere Informationen:
27620 Giverny
Tel.: 02 32 51 28 21
Fax: 02 32 51 54 18

Sehenswertes in der Nähe:
Rouen; Paris; Seinetal

„Ich kann nur malen und im Garten arbeiten", sagte der große Impressionist Claude Monet. Seit der Garten des Künstlers in Giverny in den 80er Jahren restauriert wurde, ist er zur Touristenattraktion geworden. Massen von Besuchern drängen sich durch Haus und Garten, die viel über Leben und Kunst des Malers aussagen. Monet lebte hier von 1883 bis zu seinem Tod und schöpfte reiche Inspiration aus dem Garten, die in den riesigen, abstrakten Seerosenbildern seiner späteren Jahre gipfelte.

Der Garten besteht aus zwei Teilen: einem formalen Beetgarten mit Blumen neben dem Haus (der Clos Normand) und einem Wassergarten, den der Besucher durch einen Tunnel unter Bahngleisen betritt. Der Clos Normand besteht aus einer Reihe schmaler Beete zwischen Kieswegen, die vom Haus aus abgehen. Der enorme Blütenreichtum wird neben dauerhaften Stauden, Sträuchern und Zierbäumen durch Einjährige erzielt. Im Hochsommer explodieren die Farben, Rosen klettern über Bogengänge, Kapuzinerkresse kriecht über Wege, aus den Beeten steigen Fingerhut und Rittersporne empor, und Gartenwicken erfüllen die Luft mit ihrem Duft. Die Wirkung basiert mehr auf Überfluß denn auf der Kalkulation eines Gartengestalters.

Der Wassergarten mit seiner berühmten japanischen Brücke, die von Glyzinen überwachsen wird, hat einen ganz anderen, eher kontemplativen Charakter. An den Ufern eines gewundenen Sees wachsen Azaleen, Rhododendren und Zierkirschen, während die Wasseroberfläche von Seerosen bedeckt ist. Der Besucher fühlt sich, als bewege er sich in einem von Monets Bildern. Ganz Giverny ist Atmosphäre – der Garten ist voller Farben und Gegenstände, die Monet inspirierten. Man hat sich bei der Restauration viel Mühe gegeben, authentisch zu bleiben, allerdings stammen viele Pflanzen, insbesondere im Clos Normand, nicht aus Monets Zeit.

Eine Explosion aus Rosen und Pelargonien inspirierte den Maler Monet.

16 *Roseraie de L'Hay-les-Roses*

8 km südlich von Paris, über die N7; Métro: Porte d'Italie und Bus 186 (in den Schulferien Bus 286); RER Ligne B Bourg-la-Reine und Bus 192

15. Mai bis 1. Sept., tägl., 10–20.30

Weitere Informationen:
8, Rue Albert-Watel,
94240 L'Hay-les-Roses
Tel.: 01 47 40 04 04

Sehenswertes in der Nähe:
Paris

Rosen wachsen nach französischer Tradition über eine Gitterlaube.

Diesen wundervollen Rosengarten sollte jeder Gärtner besichtigen. Obwohl er eine riesige Kollektion enthält, wirkt dieser Garten lebendig und dekorativ – die Quintessenz eines französischen Gartens.

Seine Ursprünge gehen auf das Jahr 1892 zurück, als sich der Geschäftsmann Jules Gravereaux zur Ruhe setzte und Land bei dem Dorf L'Hay kaufte. Er begann, sich für Rosen zu interessieren, und sammelte sie mit zunehmender Leidenschaft. Er beauftragte den Landschaftsarchitekten Edouard André mit der Planung des ersten Gartens, der allein auf Rosen basierte. Schon 1910 war er so berühmt, daß er auf Wunsch des Dorfes L'Hay-les-Roses genannt wurde; 1937 wurde er an das Dorf verkauft.

Heute dehnt er sich über 1,7 ha aus. Er besteht aus Beeten, Wegen, Laubengängen und verzierten Gitterspalieren. Hier wachsen mehr als 3000 Arten und Sorten; spezielle Sammlungen zeigen bestimmte Aspekte der Rosenzucht. Man findet Rosen, die von Kaiserin Joséphine in Malmaison (siehe S. 70) gepflanzt wurden, Wildrosen, eine Sammlung, die die Entwicklung moderner Gartenrosen zeigt, usw. Für den normalen Gärtner dürften die Techniken besonders interessant sein (Wuchs, Schnitt, Erziehung). Viele Rosen wachsen wunderschön über Gitterbögen, in Nischen oder über Kuppeln, wo sie mit Weidenstreifen befestigt wurden. Natürlich bietet sich für diesen Garten ein Besuch Anfang Juni bis Ende Juli an – am besten am Abend. Obwohl sich der alte Name hartnäckig hält, heißt der Garten heute korrekt La Roseraie du Val-de-Marne.

17 *Parc de Jeurre*

5 km nördlich von Etampes, über die N20

ganzjährig, tägl. außer Mi., Sa. u. Schulferien; Führungen nur 10 u. 15; zwischen 15. Dez. und 10. Jan. geschlossen

Weitere Informationen:
91150 Morigny-Champigny
Tel.: 01 64 94 57 43

Sehenswertes in der Nähe:
Wald von Fontainebleau; Versailles; Chartres (Cathédrale de Notre-Dame)

Jeurre ist ein außergewöhnlicher Ort, der seinen Ruhm einigen prachtvollen Gartengebäuden des 18. Jahrhunderts verdankt. Die besten stammen vom nahen Schloß Méréville, das im 19. Jahrhundert verlassen wurde. Im 18. Jahrhundert hatte hier der Marquis de Laborde in Zusammenarbeit mit dem Künstler Hubert Robert einen großartigen Landschaftsgarten gestaltet. Auf seinen wundervollen Bildern lebt die Pracht des Gartens weiter, der zu den Wundern seiner Zeit gehörte.

Nach der Revolution – Marquis de Laborde starb durch die Guillotine – ging der Besitz durch mehrere Hände. 1892 kaufte Henri de Saint-Léon einige der schönsten Gebäude und baute sie,

Stein für Stein, in seinem Garten von Jeurre wieder auf. Im heutigen Park werden sie hervorragend präsentiert: eine Säule, die Zierfassade einer Meierei, der Tempel der schwesterlichen Frömmigkeit und ein Denkmal Kapitän Cooks. Außerdem rettete Saint-Léon Teile bedrohter Gebäude und integrierte sie in seinen Garten. Jeurre ist vor allem interessant für die Kenner von Gartengebäuden – und für sie ein Muß.

18 *Musée Départementale Albert Kahn*

Westlich des Pariser Stadtzentrums; nahe der Pont St.-Cloud

Albert Kahn (1860–1940) war ein Bankier mit dem Ideal menschlicher Nächstenliebe. Er pflegte die Freundschaft mit Gleichgesinnten und legte ein außergewöhnliches Fotoarchiv an. Außerdem liebte er Gärten und gestaltete diesen Garten zwischen 1895 und 1910. Der Eingang führt in einen japanischen Garten mit Flußlauf und kleinem See, dessen Ufer von wunderschönen Kieseln gesäumt werden. Eine Brücke führt über das Wasser, und auf den Rasenterrassen oberhalb des Sees wurden Japanische Ahorne und Zierkirschen gepflanzt. Als zu Ehren Kahns das Museum erbaut wurde, fügte man dem japanischen Garten einige wirkungsvolle Elemente hinzu. Aus einem mächtigen Steinhaufen strömt Wasser in einer Kaskade herab; ein spiraliger Weg führt auf einen Hügel, auf dem beschnittene Azaleen wachsen. Dahinter liegen ein formaler Rosengarten, ein Obstgarten und ein Gewächshaus mit prachtvollem Inneren. Der Garten ist sehr offen gehalten, Wege schlängeln sich unter Bäumen entlang, ein See mit Felsvorsprüngen, ein Sumpfgarten und ein Wäldchen (*forêt vosgienne*) sollen an die Heimat Kahns, die Vogesen, erinnern. Inmitten der geschäftigen Vorstadt von Paris hat sich hier eine Oase der Ruhe erhalten.

Mai bis Sept., tägl. außer Mo., 11–19; Okt. bis Apr., tägl. außer Mo., 11–18

Weitere Informationen:
14, Rue du Port,
92100 Boulogne
Tel.: 01 46 04 52 80
Fax: 01 46 03 86 59

Sehenswertes in der Nähe:
Paris; Versailles; Saint-Germain-en-Laye

Die perfekte Illusion eines japanischen Gartens: scharlachrote Brücke und Kieselsteine.

19 *Château de Malmaison*

10 km westlich von Paris, über die N13

Apr. bis Sept., tägl. außer Di., 9.30–12 u. 13.30–18 (Sa. u. So. 10–18.30); Okt. bis März, tägl. außer Di., 9.30–12 u. 13.30–17.30 (Sa. u. So. 10–18)
Apr. bis Sept., tägl. außer Di., 9.30–12.30 u. 13.30–17.45 (Sa. u. So. 10–18.30); Okt. bis März, tägl. außer Di., 9.30–12.30 u. 13.30–17.15 (Sa. u. So. 10–18)

Weitere Informationen:
Avenue du Château,
92500 Rueil-Malmaison
Tel.: 01 41 29 05 55
Fax: 01 41 29 05 56

Sehenswertes in der Nähe:
Paris; Versailles; Saint-Germain-en-Laye

„Mein Garten ist der schönste der Welt. Er ist berühmter als mein Salon", schrieb Kaiserin Joséphine über Malmaison. Obwohl Joséphine vor allem wegen ihrer Rosensammlung berühmt ist, hat sie auch im Tausch mit anderen Gärten zahllose weitere Pflanzen gesammelt. Außerdem förderte sie Pierre-Joseph Redouté, der die Pflanzen Malmaisons zeichnete und mit *Les Liliacées* eines der vielleicht besten Bücher mit botanischen Illustrationen veröffentlichte.

Bei ihrem Tod hinterließ Joséphine so hohe Schulden, daß Malmaison verkauft werden mußte. Es ging durch mehrere Hände und wurde im Preußisch-Französischen Krieg geplündert. Heute ist das restaurierte Schloß ein Museum des ersten Kaiserreiches mit wertvollen Erinnerungsstücken an Napoleon. Obwohl der Garten noch immer eine bescheidene Sammlung alter Rosen enthält – einige waren auch Josephine bekannt –, ist er nur ein schwacher Abglanz seiner Blütezeit. Dennoch haben sich Besitz und Schloß etwas der ursprünglichen Atmosphäre erhalten, für Pflanzenkenner ist er ein Heiligtum – dazu gibt es weitere Attraktionen.

Das benachbarte Château de Bois-Préau liegt in einem hübschen Park und stellt einige Erinnerungen an Napoleon aus. Eine entzückende Erinnerung an Josephine ist auch La Petite Malmaison. Es liegt an der 229, Avenue Napoléon-Bonaparte, direkt neben Malmaison. Es ist nur nach Vereinbarung mit Graf Stefan Czarnecki (Tel.: 01 47 49 48 15) zu besichtigen.

In Form geschnittene Eiben spiegeln die Giebel der Eingangsfassade wider.

20 Domaine de Marly

16 km westlich von Paris, über die A13, nördlich von Versailles

ganzjährig, tägl., durchgehend

Weitere Informationen:
78160 Marly-le-Roi
Tel.: 01 30 61 60 00

Sehenswertes in der Nähe:
Versailles; Paris; Saint-Germain-en-Laye

Ludwig XIV. errichtete Marly als Zuflucht vor dem anstrengenden Hofleben von Versailles. Nach Saint-Simon wählte er „eine sumpfige Senke, einen stinkenden Sumpf, der von den Einwohnern des Nachbardorfes gemieden wurde". Er verpflichtete Jules Hardouin-Mansart, den Architekten von Versailles, der auch den Garten plante. Diese Zuflucht war von majestätischen Ausmaßen und kostete mehr als jedes andere Projekt des Königs – mit Ausnahme von Versailles. Ein Bild von J. B. Martin (spätes 17. Jahrhundert) zeigt ein großartiges, von zwei ebenso großen Gebäuden flankiertes Haus. Davor dehnt sich ein immenser, tief liegender Teich mit fünf Pavillons auf beiden Seiten aus. Hier unterhielt der König seine intimen Freunde fern des Hofzeremoniells mit Spaziergängen, Picknicks, Musik und anderen Vergnügungen – die Einladungen, *les Marlys*, waren begehrt.

In der Revolution kam Marly in private Hand und wurde abgerissen. Nur die gewaltige gestaltete Landschaft blieb erhalten und bewahrte sich ein Flair geheimnisvoller Abgeschiedenheit – ein breites, abfallendes Tal zwischen bewaldeten Hügeln mit einer eindrucksvollen Atmosphäre. Die Anlage des Gartens ist noch erkennbar, obwohl Gebäude, ausgeprägte Boskette und Statuen fehlen, die für Intimität gesorgt hatten. Zu Füßen des Gartens, an der Hauptstraße, blieb Ludwigs riesige Pferdetränke (*abreuvoir*) erhalten. Darüber wurden Kopien der triumphierenden *Chevaux de Marly* aufgestellt – ein Paar lebhafter, sich aufbäumender Pferde.

Ein sich aufbäumendes Pferd erinnert an das glanzvolle 17. Jahrhundert von Marly.

21 Meaux: Jardin Bossuet

Meaux, Stadtmitte, 54 km östlich von Paris, über die N3

Sommer, tägl., 8–19; Winter, tägl., 9–17

Weitere Informationen:
5, Place Charles-de-Gaulle,
77100 Meaux
Tel.: 01 64 34 84 45
Fax: 01 60 23 97 52

Sehenswertes in der Nähe:
Paris

Von Blumen gesäumte Wege und Kreuzgänge – ein idealer Bischofsgarten.

Wer hat diesen wundervollen Garten geplant? War es André Le Nôtre oder Jacques-Bénigne Bossuet, der berühmte Bischof von Meaux (17. Jahrhundert)? Sicher ist nur, daß er im 17. Jahrhundert entstand und sich die Anlage bis heute erhalten hat.

Der alte Bischofspalast besteht aus mehreren Gebäuden des 15. bis 17. Jahrhunderts. Der Garten ist wie eine Bischofsmitra geformt: Ein kreuzförmiger Weg teilt ihn in vier von schmalen Beeten gesäumte Rasenflächen. Farbige Rabatten säumen den Hauptweg, die Mitte bilden ein riesiger bemooster Stein und ein Springbrunnen. Unter der dauerhaften Bepflanzung aus Hochstammrosen und Buchskegeln wachsen üppige Sommerbeete. Der Garten ist von einer Hainbuchenhecke umgeben, dazwischen verläuft eine abgeschlossene Allee aus Hochstammlinden. Der Arbeitsraum des Bischofs – hier überarbeitete er seine berühmten *Oraisons Funèbres* – überblickt den Garten, obwohl nichts in diesem Blumengarten mit seinen wohltuenden, schattigen Wegen an Grabreden erinnert.

22 Château de Rambouillet

51 km südwestlich von Paris, über die A13, A12 und N10

Mai bis Aug., tägl., 6.30–19.30; Sept. bis Okt., tägl., 7–18; Nov. bis Jan., tägl., 8–17; Feb. bis Apr., tägl., 7–18 (Rambouillet ist die Residenz des französischen Präsidenten und wird bei Staatsakten geschlossen)
Apr. bis Sept., tägl. außer Di., 10–11.30 u. 14–17.30; Okt. bis März, tägl. außer Di., 10–11.30 u. 14–15.30. Chaumière und Laiterie: wie das Schloß; im Winter ab 13.30 geschlossen

Weitere Informationen:
78120 Rambouillet
Tel.: 01 34 83 00 25
Fax: 01 32 83 02 49

Sehenswertes in der Nähe:
Versailles; Paris; Chartres (Cathédrale de Notre-Dame)

Rambouillet liegt mitten in einem Jagdgebiet. Seit dem Mittelalter gehörte die Jagd in dieser Region zu den wichtigsten Freizeitaktivitäten. Im frühen 18. Jahrhundert verkaufte Fleurian, Seigneur d'Armenonville, den Besitz an den Comte de Toulouse, einen Sohn von Ludwig XIV. und Madame de Montespan. 1783 ging er an Ludwig XVI. und seine Frau Marie-Antoinette über. Sie haßte den Besitz: „Was soll ich mit diesem gräßlichen Krötenloch?" Nach der Revolution ging Rambouillet an den Staat über.

Der Garten zeigt sich heute in einem Stilgemisch. Es gibt Reste des barocken Gartens von Fleurian d'Armenonville, Spuren eines Landschaftsgartens des 18. Jahrhunderts und das Ziel der meisten Gartenbesitzer – zwei der besten Gartengebäude Frankreichs. Die Chaumière des Coquillages wurde 1778 für die Prinzessin de Lamballe erbaut, die junge Witwe eines Enkels des Grafen von Toulouse. Das bescheidene Steingebäude hat nur zwei Räume, ein steiles, strohgedecktes Dach und einen hohen Schornstein. Die runde Eingangshalle ist mit exquisiten Mustern aus Muscheln verziert, die die Formen von Pilastern, Nischen und Friesen zu einem kunstvollen klassizistischen Interieur nachzeichnen. Nach Zerstörungen im Preußisch-Französischen Krieg (1871) wurde sie hervorragend restauriert. Daneben liegt die *garderobe*, ein kleiner, getäfelter Raum, der höchst elegant verziert wurde: Festons, Girlanden und Bänder mit Vögeln, Schmetterlingen, Blumen und Früchten. Öffnete man die Tür zu zwei Schränken, erschienen Statuen schwarzer Diener, die den Damen Kosmetika anboten.

Das zweite Gebäude, die *Laiterie de la Reine* (Meierei der Königin Marie-Antoinette), wurde erst wenige Monate vor der Revolution vollendet. Der Architekt Jacques-Jean Thévenin errichtete zwei Räume – eine Kuppelrotunde mit Marmorboden und marmornen Borden für Milch-, Sahne- und Käsegefäße. Die Porzellangefäße stammen aus Sèvres, darunter die berühmten *bols seins*, die wahrscheinlich den Brüsten der Königin nachgebildet wurden. Der zweite Raum diente als Kühlraum. Er hatte ein Tonnengewölbe und eine Grotte in der Rückwand. Hier sitzt eine Statue der Almathea auf einem Felsen. Sie hält eine Ziege an der Leine, die aus einem Wasserbecken zu ihren Füßen trinkt.

Um die Gebäude erstrecken sich die Reste des formalen Gartens (18. Jahrhundert) mit einem großen Teich und Durchblicken in die Wälder. Rasen werden von Beeten und Kieswege von Hochstammlinden oder zu „Schilderhäusern" getrimmten Eiben gesäumt. Die *bergerie* (Schafstall), ein riesiges Gebäude, wurde für Ludwig XVI. erbaut. Es diente als Stall für eine Herde Merinoschafe, die er heimlich aus Spanien importiert hatte. Ihre Nachkommen leben noch heute dort, und das Gebäude dient nun als *Bergerie Nationale*, eine Schule für Schäfer.

Die Meierei der Königin gehört zu den schönsten Gartengebäuden des späten 18. Jahrhunderts.

März bis Okt., vierter Sa. im Monat (Vortrag u. Führungen 14.30 u. 16.00), Gruppen auch nach Vereinbarung

Weitere Informationen:
Allée Frédéric-Passy,
78240 Chambourcy
Tel.: 01 39 76 90 37
Fax: 01 39 76 35 39

Sehenswertes in der Nähe:
Paris; Versailles; Saint-Germain-en-Laye

23 *Le Désert de Retz*

25 km westlich von Paris, über die A13 oder A14

Einer der geheimnisvollsten und attraktivsten Gärten Frankreichs verdankt seine Erhaltung den Bemühungen von Olivier Choppin de Janvry. Er besuchte das Désert als Architekturstudent und war von seiner Atmosphäre tief bewegt. Von dem Landschaftsgarten des späten 18. Jahrhunderts blieben nur einige Bauwerke erhalten. Der Garten wurde durch zweifelhafte Entwicklungsprojekte bedroht, doch Choppin de Janvry konnte ihn, zusammen mit Jean-Marc Heftler, erwerben und vollständig restaurieren – ihnen verdanken wir das heutige Aussehen.

Der Garten geht auf François Nicholas Henri Racine de Monville zurück, der ihn zwischen 1774 und 1789, den letzten Jahren des Ancien Régime, schuf. Der Garten erlangte schlagartig Berühmtheit und wurde in seiner Glanzzeit von zahllosen Gartenkennern besichtigt. Stiche von 1785 zeigen eine kunstvolle Landschaft voller Gebäude und Statuen – darunter die Säulenruine, den Pantempel, das chinesische Haus, einen Obelisken und ein Eishaus in Pyramidenform.

Nach der Revolution zog Monville nach Paris, und der Garten verkam. Dennoch pilgerten viele Besucher hierher, die von seinem morbiden Charme angezogen wurden, vor allem die Surrealisten und andere Schriftsteller. 1945 „verliebte sich" Cyril Connolly „unsterblich in diesen Ort", er sah „Ziegen die wunderbar gewundene Treppe der Säulenruine hinaufklettern". Der heutige Besucher kann die exzellent restaurierte Säule und die Pyramide sowie ein prachtvolles, blau-goldenes Tartarenzelt sehen. Weitere erhaltene Bauwerke werden zur Zeit restauriert.

Eine der vielen Ruinen im *désert* (Wildnis) von Retz.

24 *Parc Jean-Jaques Rousseau*

47 km nordöstlich von Paris, über die N2 und N330

Viele der adligen Gärtner im Frankreich des 18. Jahrhunderts waren sehr an dem englischen Landschaftsgarten interessiert, noch ehe er den Kontinent eroberte. Einer der größten Anhänger war der Marquis René de Girardin, der den Park von Ermenonville schuf. Er kaufte den Besitz 1762 und gestaltete im Tal der Launette einen Garten mit zahlreichen belebenden Gebäuden. Obwohl einige der Bauten verschwunden sind und das Gelände durch einen Campingplatz entstellt wird, gibt es immer noch Teile, in denen der Besucher die arkadische Einsamkeit spürt, die Girardin suchte.

Der wichtigste Teil des Parks liegt beidseitig eines langen, schmalen Sees mit Spazierwegen an den Ufern. Nehmen Sie den oberen Weg auf der Westseite, um die schönsten erhaltenen Gebäude und Monumente zu sehen. An der Ecke eines Feldes steht eine Steinsäule mit der Inschrift *A la Rêverie*. Etwas weiter, auf einem Felsvorsprung, steht der Tempel der Philosophie. Auf seinen Säulen sind die Namen der von Girardin bewunderten Philosophen verewigt – Rousseau, Voltaire, Newton usw. Der Tempel ist bewußt unvollendet, um die Unvollkommenheit menschlichen Wissens zu dokumentieren.

Am hinteren Ende liegt eines der berühmtesten Gartenbauwerke des 18. Jahrhunderts – das Grab von Rousseau auf einer kleinen, von Pappeln gesäumten Insel. Zur Freude von Girardin lebte Rousseau hier, bis er 1778 starb. Die Ile des Peupliers und der klassizistische Grabstein mit den Worten *Ici repose l'homme de la Nature et de la Vérité* wurden von Hubert Robert gestaltet.

Am Ufer des Sees wachsen prachtvolle alte Buchen, Linden und Platanen. Die Monumente liegen versteckt – der Dolmen (prähistorische, aufrechte Steine mit einer Deckplatte) ist völlig verborgen, der Tempel der Philosophie verbirgt sich hinter Laub, und der *Autel de la Rêverie* wurde unauffällig versteckt. Es gibt keine Hinweisschilder, obwohl man am Eingang eine Karte bekommt. Daher muß der Besucher wandern, erkunden und entdecken. Der Garten ist im Herbst besonders schön, wenn an einem feuchten, nebligen Tag die melancholische Introvertiertheit herrscht, die im 18. Jahrhundert so geschätzt wurde.

Ostern bis Okt., Sa. u. So., 13.30–19; Juni bis Sept., tägl. außer Di., 13.30–19; Gruppen nach Vereinbarung auch vormittags

Weitere Informationen:
60440 Ermenonville
Tel.: 03 44 54 01 58
Fax: 03 44 54 04 96

Sehenswertes in der Nähe:
Paris

Am Hang oberhalb des Sees liegt der Tempel der Philosophie.

25 Parc de Saint-Cloud

9 km westlich des Pariser Stadtzentrums; Métro: Pont de Sèvres

Mai bis Aug., tägl., 7–22; Sept. bis Okt., tägl., 7–21; Nov. bis Feb., tägl., 7–20; März bis Apr., tägl., 7–21

Weitere Informationen:
92210 Saint-Cloud
Tel.: 01 46 02 70 01

Sehenswertes in der Nähe:
Paris; Versailles; Saint-Germain-en-Laye

Saint-Cloud blickt auf eine lange Gartentradition zurück. Jérome de Gondi baute hier im späten 16. Jahrhundert ein Haus mit terrassiertem Garten oberhalb der Seine. Jean-François de Gondi, der erste Erzbischof von Paris, erweiterte die Fläche des Gartens 1625 stark. Damals war er berühmt für seine Wasserspiele, die höchstwahrscheinlich von Thomas Francini angelegt wurden. Er galt in seiner Zeit als einer der Vorreiter einfallsreichen Gartenschmucks. John Evelyn besuchte den Garten 1644 und fand ihn „äußerst wasserreich, mit Brunnen, Statuen und Hainen ... besonders die über weite Stufen fallende Kaskade ist bemerkenswert". 1658 kaufte Philippe de Bourbon, der jüngere Bruder von Ludwig XIV., das Anwesen und verschönte es weiter. Er gab auch die riesige, markante Kaskade bei Antoine Le Pautre und Jules Hardouin-Mansart in Auftrag. Sie blieb bis heute erhalten und ist das bemerkenswerteste Wasserspiel aller französischen Gärten – drei gigantische Rampen voller Skulpturen.

1665 beauftragte man André Le Nôtre, der sich jedoch außerstande sah, einen so komplexen Garten neu zu gestalten. Allerdings schuf er einen markanten Durchblick von der Südfassade des Schlosses. Der Blick schweift über abfallendes Gelände, das sanft wieder zu den bewaldeten Höhen ansteigt. Noch heute entspricht dieser Anblick der ursprünglichen Planung Le Nôtres. Am Südende des Durchblicks liegt eine Aussichtsterrasse mit prachtvollem Blick über Paris. Stiche des späten 17. Jahrhunderts zeigen einen äußerst komplexen, aber reizvollen Garten, der sich in Terrassen über der Seine erstreckt. Die große Kaskade gehört zu einer starken Achse, die den Hügel herabläuft; Parterres sind durch Terrassen und Wege entlang der Hangkonturen verbunden. Bis ins 19. Jahrhundert hinein schätzten Könige und Kaiser die Schönheit des Schlosses. Leider brannte es 1870 ab. Zu Kegeln beschnittene Eiben zeichnen nur seine Umrisse nach. Zum Glück hat der Garten überlebt und sich viel seines alten Zaubers bewahrt.

Die Kaskade des 17. Jahrhunderts – die schönste in Frankreich.

26 *Saint-Germain-en-Laye: Château de Saint-Germain-en-Laye*

22 km westlich von Paris, über die Porte Maillot und die N186

ganzjährig, tägl., 8–21.30 (im Winter bis 17.00)

Weitere Informationen:
Place du Château,
78100 Saint-Germain-en-Laye
Tel.: 01 34 51 75 38

Sehenswertes in der Nähe:
Versailles; Paris

Der schönste Zugang führt von Norden über eine schnurgerade Allee direkt auf das Schloß zu, das dekorativ aus der Ferne winkt. Saint-Germain-en-Laye war seit dem frühen 12. Jahrhundert Königsschloß, ehe im 17. Jahrhundert Versailles zur Hauptresidenz wurde. Nach der Französischen Revolution wurde es zum Gefängnis, und seit 1862 beherbergt es das Musée des Antiquités Nationales. In der Renaissance war der Garten wegen der Grotten mit bewegten Figuren berühmt. In einer glitten die hydraulisch bewegten Finger einer Frau über eine Orgel und erzeugten Musik.

Ein Stich von Abraham Bosse (1614) zeigt einen Garten, der in acht weiten, komplizierten Terrassen zur Seine abfällt. Überlebt hat nur die oberste Terrasse auf einer steilen Böschung über der Seine, die von André Le Nôtre zu einem 30 m breiten und fast 2,5 km langen Spazierweg umgestaltet wurde. Dieser Weg macht den Hauptreiz des heutigen Gartens aus.

Le Nôtres gewaltige Terrasse beginnt mit einer Lindenallee.

27 *Saint-Germain-en-Laye: Musée du Prieuré*

Am Südwestrand der Altstadt

ganzjährig, tägl. außer Mo. u. Di., 10–17.30 (an Wochenenden bis 18.30)

Weitere Informationen:
2 bis, Rue Maurice-Denis,
78104 Saint-Germain-en-Laye
Tel.: 01 39 73 77 87
Fax: 01 39 73 25 29

Sehenswertes in der Nähe:
Versailles; Paris

Mir hat der merkwürdige Garten zwar sehr gefallen, aus gärtnerischer Hinsicht gehört er allerdings nicht hierher. Die Priorei wurde im 17. Jahrhundert für die Armen gebaut; 1914 zog hier der symbolistische Maler Maurice Denis ein. Seit 1980 dient sie als Museum für seine Werke und die seines Kreises, u. a. Bonnard und Vuillard. Der Garten hat sich den Charakter eines *rus in urbe* bewahrt, einer Zuflucht in der Hetze der Stadt. Er liegt auf einem abfallenden Hang hinter dem Haus mit einem Kräuterparterre, einem Rosen- und einem Obstgarten. Im Garten sind einige Skulpturen verteilt, einige sicher zu groß für den Ort und somit von surrealistischer Wirkung. Eine prachtvolle Bronzefigur eines nackten Bogenschützen von Antoine Bourdelle beherrscht eine Abteilung vor der Priorei.

28 Domaine de Saint-Jean-de-Beauregard

28 km südlich von Paris, über die A10 oder N118, D35 und Nebenstraßen

15. März bis 15. Nov., So. u. Schulferien, 14–18; Gruppen nach Vereinbarung zu anderen Zeiten, außer Mi.

Weitere Informationen:
91940 Saint-Jean-de-Beauregard
Tel.: 03 60 12 00 01
Fax: 03 60 12 56 31

Sehenswertes in der Nähe:
Paris

Der 2 ha große, genutzte *potager* nahe dem Schloß (17. Jahrhundert) macht Saint-Jean-de-Beauregard für Gärtner interessant. Er ist von prächtigen Mauern des 17. Jahrhunderts umgeben und wird durch breite Wege in vier Teile gegliedert. Im Zentrum liegt ein abgesenkter, runder Teich. Apfel- und Birnen-Kordons säumen die Viertel, darin liegen die Beete mit einer üppig bunten Mischung aus Früchten, Gemüse und Zierpflanzen.

Die Bepflanzung ist sehr sorgfältig ausgeführt und nutzt die unterschiedlichen Standorte – z. B. Farne, Christrosen, Funkien und andere Schattenpflanzen in einem schattigen Beet vor einer Mauer. Im Sommer und Herbst, zur Zeit der Ernte, gibt es Ausstellungen zur Lagerung und Konservierung von Produkten. Trauben werden z. B. bis Weihnachten mit dem Thomery-System frisch gehalten (die Stiele stehen in Flaschen mit reinem Quellwasser). Während des Jahres gibt es mehrere Pflanzen-Feste, z. B. für Stauden im April, für Früchte und Gemüse im November.

Im Hochsommer erreicht der *potager* seine volle Pracht.

29 Parc de Sceaux

11 km südlich von Paris, über die N20

Nov. bis Jan., tägl., 8–17.30; Feb., tägl., 8–18.30; März, tägl. 7–19.30; Apr. u. Aug., tägl., 7–21.30; Mai bis Juli, tägl., 7–22; Sept., tägl., 7–20.30; Okt., tägl., 7–18.30

Weitere Informationen:
92330 Sceaux
Tel.: 01 41 61 44 85 /
01 47 02 52 22
Fax: 01 46 61 21 99

Sehenswertes in der Nähe:
Paris

Jean-Baptiste Colbert, Finanzminister Ludwigs des XIV., kaufte Sceaux 1670. Le Nôtre legte den Garten an, der im 19. Jahrhundert restauriert wurde und heute ein prachtvoller öffentlicher Park ist. André Le Nôtre nutzte die dramatische Lage für einen seiner bemerkenswertesten Entwürfe. An einem sehr steilen Hang legte er eine riesige Kaskade an, die sich in einen achteckigen Teich ergießt. Dieser ist mit einem mächtigen Kanal verbunden, der rechtwinklig dazu verläuft und die Hauptachse bildet.

Einige hübsche Gartengebäude blieben erhalten, insbesondere der Pavillon de l'Aurore, der ursprünglich im Küchengarten stand. In dieses zauberhafte, kuppelgedeckte Gebäude zog sich Colbert im Sommer zur Arbeit zurück und unterhielt sich mit dem König – mitten zwischen Beeten mit Früchten und Gemüse. Die morbid-romantische Atmosphäre des Gartens inspirierte im 19. Jahrhundert

Alain Fournier, als er *Le Grand Meaulnes* schrieb. Der wunderbare barocke Pavillon de Hanovre am Westrand des Parks mit Blick auf die Kaskade steht erst seit 1933 hier. Er ist ein Entwurf von Jean-Michel Chevotet aus den späten 1750er Jahren und war ursprünglich ein Flügel des Pariser Hauses von Herzog Richelieu, des Hôtel d'Antin am Boulevard des Italiens.

Der Park von Sceaux ist ein wunderbarer Ort zum Spazierengehen; seine Ausblicke enthüllen sich dem Besucher erst Schritt für Schritt.

30 Château de Vaux-le-Vicomte

55 km südöstlich von Paris, über die N6 und N105

Vaux-le-Vicomte ist der Inbegriff des kultivierten aristokratischen Geschmacks im Frankreich des 17. Jahrhunderts. Es wurde seit 1653 von Nicolas Fouquet, dem Finanzminister Ludwigs des XIV., mit Hilfe der besten Künstler und Handwerker geschaffen. Architekt war Louis Le Vau, Charles Le Brun schuf die Skulpturen und bemalte die Innenräume, und André Le Nôtre gestaltete den Garten. 1661 lud Fouquet den König zu einer prächtigen Feier ein. Der König war jedoch entsetzt über die verschwenderische Feier und das Schloß. Kurz darauf wurde Fouquet verhaftet, der Veruntreuung und des Landesverrates angeklagt. Das Schloß wechselte seine Besitzer, bis es im 19. Jahrhundert von dem Industriellen Alfred Sommier gekauft wurde. Er beauftragte Achille Duchêne mit der Rekonstruktion von Le Nôtres Garten.

Vaux-le-Vicomte ist vorrangig ein Garten für Spaziergänger, denn seine geschickt wechselnden Höhen und Durchblicke erschließen sich vor allem zu Fuß. Die Treppen auf der Gartenseite des Schlosses führen zu einer bis zum Horizont reichenden Hauptachse, die von einer mächtigen Kopie des Herkules von Farnese akzentuiert wird. *Parterres de broderie*, beschnittene Eiben, Teich und Springbrunnen zieren den Anfang der Achse. Kurz nach dem Schloß locken kreuzende Wege – alle lohnen die Erkundung. Man entdeckt einen gewaltigen Kanal, an dessen Ende das Gelände ansteigt und zur Herkulesfigur führt.

Besuchen Sie neben dem Garten auch das Schloß – beide wurden als Einheit konzipiert. Aus den Fenstern des Schlosses scheinen sich die Verzierungen der Innenräume ins Freie fortzusetzen.

März, tägl., 11–17; Apr. bis Okt., tägl., 10–18; 1.–11. Nov., 11–17; die Brunnen u. Wasserspiele sind nur von Apr. bis Okt. in Betrieb, jeweils am zweiten u. letzten Sa. des Monats (15–18)
siehe oben

Weitere Informationen:
77950 Maincy
Tel.: 01 64 14 41 90
Fax: 01 60 69 90 85

Sehenswertes in der Nähe:
Paris

Das *parterre de broderie* und Kegel aus beschnittener Eibe unterhalb des Schlosses.

ganzjährig, ab 7 durchgehend
2. Mai bis 30. Sept., tägl. außer Mo., 9–18.30; Okt. bis Apr., tägl. außer Mo., 9–17.30

Weitere Informationen:
78000 Versailles
Tel.: 01 30 84 74 00
Fax: 01 30 84 76 48

Sehenswertes in der Nähe:
Paris; Saint-Germain-en-Laye

31 *Versailles: Château de Versailles*

20 km westlich von Paris, über die A13

Der Ruhm prächtiger Gärten ist häufig größer als ihre Schönheit. Versailles dürfte jedoch in der Tat einer der schönsten Gärten der Welt sein. Hier stehen mehr ausgezeichnete Kunstwerke als in jedem anderen Garten, und für Gartenliebhaber bietet er unvergleichlichen, kostenlosen Hochgenuß. Da die meisten Besucher kaum die Hauptwege verlassen, findet der Unternehmungslustige immer wieder Bereiche, in denen er selbst in den Ferien fast alleine ist. Da der Garten ganzjährig und sehr lange geöffnet ist, stellt er sich in immer neuen Licht- und Wetterbedingungen dar. Die Hauptachse verläuft von Ost nach West, was der Sonnenkönig sehr geschätzt haben dürfte, denn so sorgte die auf- und untergehende Sonne an beiden Enden der Achse für Lichteffekte.

Im Sommer stehen 1200 Palmen, Granatapfelbäume und Orangenbäume vor der Orangerie.

Die exotische Statue ‚Amerika' von Guérin.

Die beiden Alleen neben dem *Tapis Vert* werden von Statuen und verzierten Urnen gesäumt.

Die ausgestreckt liegenden Bronzestatuen am Rand des Wasserbeckens stellen die Flüsse Frankreichs dar.

Die halbnackte Flora sitzt, umgeben von Amorfiguren, inmitten von Blumen.

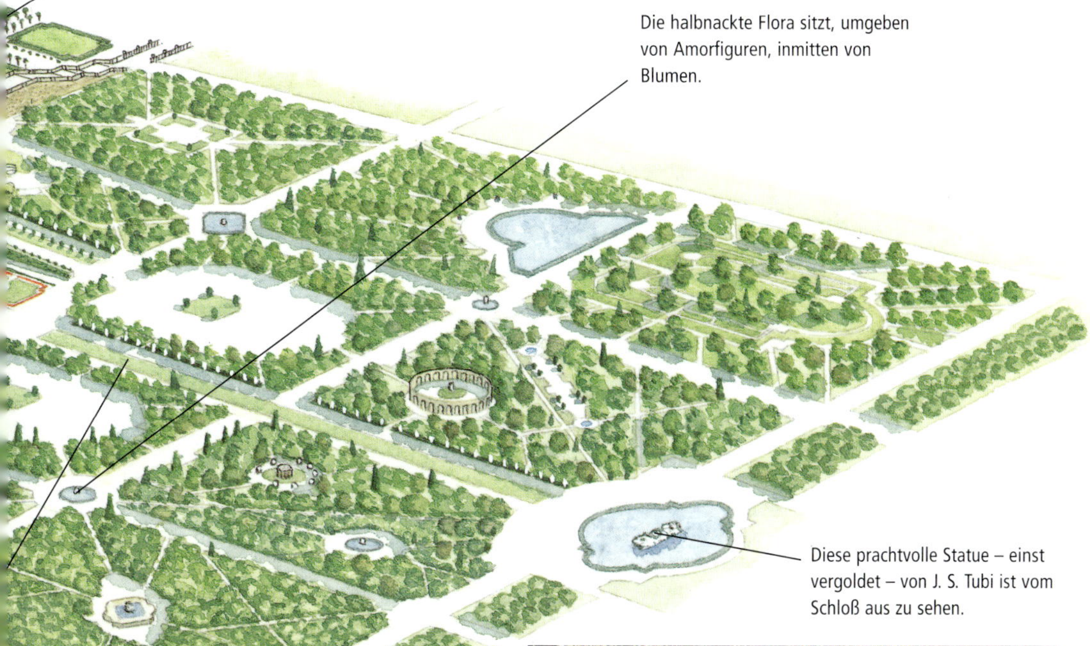

Diese prachtvolle Statue – einst vergoldet – von J. S. Tubi ist vom Schloß aus zu sehen.

Der lange Weg der Allée Royale wird von Skulpturen und Vasen verziert.

Versailles war ursprünglich eine 1638 erbaute Jagdhütte Ludwigs XIII. Bald darauf entwarf Jacques Boyceau de la Baraudière einen formalen Garten mit kunstvollen *parterres de broderie*; später im Jahrhundert wurde das Haus vergrößert und weiteres Land erworben. Das Gelände eignete sich kaum für einen Garten. Saint-Simon schrieb: „Ein trauriger, öder Ort, ohne Ausblicke, Wasser oder Wälder." Als Ludwig XIV. in den 1660er Jahren Versailles gestalten ließ, besaß der ursprüngliche Garten fast genau die Größe des heutigen *petit parc*. An seiner Westgrenze lag ein Teich, genau dort, wo heute das Bassin d'Apollon liegt.
Für Schloß und Garten wurden die Künstler und Handwerker verpflichtet, die bereits an Vaux-le-Vicomte (siehe S. 79) gearbeitet hatten. Charles Le Brun schuf die Kunstwerke, die den Garten noch heute so entscheidend prägen. Von ihm stammt auch die Ikonographie der Verzierungen, die das Leben des Apollon, des Sonnenkönigs, zeigen, mit dem sich Ludwig XIV. identifizierte.

Le Nôtre entwarf eine monumentale, neue Achse, die sich nach Westen erstreckte und genau auf die Mitte des neuen Schlosses zulief. Das natürlich leicht abfallende Gelände bezog er durch Terrassierungen in den Gesamtplan ein. Er ließ den kreuzförmigen Grand Canal ausheben, dessen Ost-West-Arm (1800 m lang) einen Teil des Hauptdurchblicks bildet. Der nur wenig kürzere Nord-Süd-Arm führt auf das Trianon (siehe S. 85) zu. Die Wasserversorgung der Becken und Brunnen war stets ein Problem in Versailles. Es gab Versuche, Wasser mit Windmühlen aus nahen Quellen oder der Seine hochzupumpen; man erwog sogar, die Eure mit Aquädukten umzuleiten. Dieses Problem besteht heute noch, daher laufen die Springbrunnen nur an Sonntagen von Mai bis Oktober bzw. bei besonderen Anlässen.

Das Bassin d'Apollon im Schleier von Fontänen – aus Wassermangel leider nur selten in Betrieb.

Der *petit parc* und seine Umgebung waren besonders verziert. Es gab überreiche *parterres*, Boskette, Springbrunnen, Teiche und kostbare Urnen und Statuen aus Bronze oder Marmor. Sie wurden zwar nicht symmetrisch beidseitig der Achse aufgestellt, balancierten sich aber harmonisch aus. All dies ist heute noch zu sehen, fast jedes Detail wurde nach Plänen des 17. Jahrhunderts nachgebaut – wenn auch mit neuen Pflanzen.

In den Jahren 1775 und 1875 wurden die meisten der Bäume gepflanzt, die heute Struktur und Charakter des Gartens bestimmen. Ein schwerer Sturm im Jahre 1990 warf fast 1300 Bäume um. Zur Zeit versucht man, den Geist des ursprünglichen Gartens durch kontinuierliche Restaurierungsmaßnahmen wieder heraufzubeschwören. Allerdings lehnt sich die Bepflanzung der Beete allzu stark an die Moden des 19. Jahrhunderts an. Daher scheinen manche der wichtigen Parterres – wie z. B. das *parterre du midi* in direkter Nähe des Schlosses – historisch etwas deplaziert. Zum Glück besann man sich in den letzten zehn Jahren eines Besseren, und man versucht nun, solche Bereiche mehr und mehr in ihre ursprüngliche Form zurückzuführen.

Le Nôtre hatte profunde Pflanzenkenntnis und trachtete wie alle kultivierten und intelligenten Menschen des 17. Jahrhunderts nach seltenen Pflanzen. Zu Le Nôtres Zeit wurden Seltenheiten in den Parterres wie kostbare Juwelen präsentiert. Im *parterre de l'orangerie* ist noch etwas von dieser Atmosphäre zu spüren; hier werden jedes Frühjahr eine Reihe prachtvoller, empfindlicher Pflanzen in Versailles-Kübeln ins Freie gestellt. Sie überwintern in der prächtigen, gewölbten Orangerie von Hardouin-Mansart.

Zum Besuch des Schlosses gehört auch ein Spaziergang durch die Stadt Versailles. Drei Straßen, die Avenue de Saint Cloud, die Avenue de Paris und die Avenue des Sceaux, laufen vor der Ostseite des Schlosses in dem halbkreisförmigen Place d'Armes zusammen. Zwischen den Straßen, die bereits auf Plänen des 17. Jahrhunderts als Zufahrten zum Schloß auftauchen und es heute mit der betriebsamen Stadt verbinden, sind die Marställe angelegt. Halbrunde Bauten verbinden ihre Flügel, so daß sich die Straßen in Form eines Hufeisens zum Platz hin öffnen.

Die prächtige Skulptur der Latona und ihrer Kinder (1670) von Balthasar Marsy krönt das Bassin de Latone.

32 *Versailles: Le Hameau*

Am Nordrand des Gartens von Versailles

ganzjährig, tägl., ab 7 durchgehend

Weitere Informationen:
78000 Versailles
Tel.: 01 30 84 74 00
Fax: 01 30 84 76 48

Sehenswertes in der Nähe:
Paris; Saint-Germain-en-Laye

Nach seiner jüngsten Restaurierung sieht Le Hameau so bezaubernd aus wie nie zuvor. Es entstand ab 1783 für Marie-Antoinette nach Entwürfen von Richard Mique. Meist nähert man sich vom Petit Trianon her (siehe S. 86), folgt einem gewundenen, von Binsen gesäumten Bach und überquert eine hübsche Steinbrücke, von der aus Le Hameau in der Ferne sichtbar wird. Dieses von Bäumen umstandene, rustikale Dorf um einen See ist der Inbegriff des Pittoresken. Madame Campan, eine Zeitgenossin, schrieb: „Die Königin war entzückt, zwischen den Gebäuden des Hameau zu spazieren, dem Melken der Kühe und dem Fischfang im See zuzusehen."

Zu einem strohgedeckten Haus gehört ein *potager* mit Tomaten, Buschbohnen und Mohn zwischen Buchshecken und Töpfen voller scharlachroter Pelargonien. Am Ufer des Sees stehen weitere Gebäude, die meisten strohgedeckt und grob verputzt. Zur Zeit von Marie-Antoinette war das Innere luxuriös möbliert, so daß Besucher den Kontrast zu dem rustikalen Äußeren als Überraschung empfanden. Neben dem See stehen einige schöne Bäume, darunter neben prächtigen Waldkiefern und Sumpfzypressen auch eine beeindruckende Platane, die einen Weg beschattet. Bäume, Wasser, Gras und dekorative Bauten fügen sich zu einem zauberhaften Ensemble zusammen.

Strohdächer und rustikales Holz im Herzen von Le Hameau.

33 *Versailles: Le Grand Trianon*

Mit dem Wagen oder zu Fuß über die Grille de la Reine

Das wegen der glasierten Delfter Kacheln auf dem Dach ursprünglich als Trianon de Porcelaine bezeichnete Grand Trianon wurde 1671 als eleganter Gartenpavillon erbaut. Es wurde 1687 durch die beiden heutigen arkadengeschmückten Gebäude aus rosa und grauem Marmor ersetzt. Der alte Garten von Le Nôtre wurde nach dessen Tod 1700 durch den Architekten Jules Hardouin-Mansart verändert.

Zur Zeit von Ludwig XIV. war der Garten dicht bepflanzt; auf einem Plan für eines der Parterres sind über 40.000 Tulpen, 27.000 weiße Narzissen und riesige Mengen von Glockenblumen, Nelken, Baldrian, Veilchen und anderen Stauden eingezeichnet. Le Nôtre schrieb 1694: „Der ... Garten ist voller orangefarbener Bäume und blühender Bäume ... die Parterres werden von Laubengängen mit rosa Jasmin von bewundernswerter Schönheit eingerahmt." Obwohl diese entzückende und abwechslungsreiche Mischung von normalen Beetpflanzen abgelöst wurde, blieb die Struktur des Gartens erhalten.

Vor der Westfassade des Trianon fällt das Gelände in einer Reihe von Parterres ab, die die Hauptachse des Gartens bilden. Eine zweite Achse verläuft von Norden nach Süden, und durch eine Lücke im Lindenweg an ihrem Südende wird der Grand Canal sichtbar. Ein edel geformtes Becken mit doppelter Kaskade – aus dem gleichen Marmor wie das Haus – bildet das Ende der ersten Achse. Zwei geflügelte Ungeheuer aus Blei flankieren die Kaskade. Jenseits des Beckens liegen die sehr atmosphärischen Überreste der Boskette – ein labyrinthähnliches Muster aus Hecken.

Am besten nähert man sich dem Grand Trianon über die Grille de la Reine. Man folgt einem breiten Weg, sieht Wiesen mit grasenden Schafen und Kühen und im Norden das Südende des Arboretum National de Chèvreloup (siehe S. 59).

ganzjährig, tägl., ab 7 durchgehend

2. Mai bis 30. Sept., tägl. außer Mo., 10–18.30; Okt. bis Apr., Di. bis Fr., 10–12.30 u. 14–17.30; Sa. u. So. 10–17.30

Weitere Informationen:
78000 Versailles
Tel.: 01 30 84 74 00
Fax: 01 30 84 76 48

Sehenswertes in der Nähe:
Paris; Saint-Germain-en-Laye

Die Geometrie eines formalen französischen Gartens: Eibenkegel und Buchsmuster.

34 *Versailles: Le Petit Trianon*

Nahe dem Grand Trianon

ganzjährig, tägl., ab 7 durchgehend
2. Mai bis 30. Sept., tägl. außer Mo., 10–18.30; Okt. bis Apr., Di. bis Fr., 10–12.30 u. 14–17.30, Sa. u. So., 10–17.30

Weitere Informationen:
78000 Versailles
Tel.: 01 30 84 74 00
Fax: 01 30 84 76 48

Sehenswertes in der Nähe:
Paris; Saint-Germain-en-Laye

Das Petit Trianon, geplant von Ange-Jacques Gabriel (Grundsteinlegung 1762), ist das schönste Gebäude in Versailles. Zu der nahen Ménagerie Gabriels (seit langem zerstört) gehörte bereits ein Garten. In seiner Mitte stand der Pavillon Français – gleichfalls von Gabriel geplant –, in den sich Ludwig XV. und Madame Pompadour zurückzogen. Der *jardin à la française* um den Pavillon wurde restauriert. In der Mitte liegt das originale runde Becken, das von Rasen und im Sommer von Beetpflanzen umgeben ist. An beiden Seiten führt ein Lindenweg mit Stufenhecken aus Hainbuche entlang. Der Salon in der Mitte des Pavillons besitzt einen kunstvoll gemusterten Marmorboden; Wände und Säulen sind taubenblau und mit Gold verziert.

Der Garten dahinter hat einen ganz anderen Charakter. Hier, im einstigen botanischen Garten Ludwigs XV., liegt ein See mit einer hohen Felsengrotte neben einem eleganten Pavillon, dem Belvedere. Er entstand zwischen 1778 und 1779 auf Wunsch von Marie-Antoinette nach Plänen von Richard Mique. Das Innere des achteckigen Pavillons ist prachtvoll mit Vögeln, Früchten, Blumenfestons und -girlanden in Schattierungen von Grau und Braun bemalt. Die Mischung aus Eleganz und Wildheit, wenn sich der Pavillon vor der aufragenden Grotte im ruhigen Wasser des Sees spiegelt, bleibt im Gedächtnis haften. Von dem botanischen Garten blieben nur wenige Bäume erhalten, darunter eine uralte *Sophora japonica*, deren mächtiger knorriger Stamm an eine Eiche erinnert.

Das exquisite Belvedere von Richard Mique (18. Jahrhundert) steht auf einer Insel.

35 *Versailles: Le Potager du Roi*

Mitten in Versailles, südlich des Schlosses

Ludwig XIV. interessierte sich sehr für Früchte und Gemüse, und der ehemalige königliche Küchengarten hat sich in ausgezeichnetem Zustand erhalten. Er wurde von 1678 bis 1683 von Jean-Baptiste de la Quintinye geplant, der 1670 zum „directeur des jardins fruitiers et potagers des maisons royales" ernannt wurde. Der 9 ha große Garten hat noch seine ursprüngliche Gestalt; Spalierobstbäume säumen Mauern und Wege. Zahlreiche Gemüse und Früchte werden auf dem Markt von Rungis oder an Besucher verkauft. Im Frühling sieht man die Obstblüte, im Herbst die zahllosen reifenden Früchte – der Küchengarten sieht aber auch zu anderen Zeiten prächtig aus. Von der Westseite blickt man über ordentlich angelegte Beete, das Schloß liegt zur Linken, und gerade voraus sieht man die alten Häuser von Versailles, die von der Kuppel der Kathedrale überragt werden.

Apr. bis Nov., Mi. bis So., Führungen nur 14.30; Juni bis Sept., Führungen Sa. u. So., 14.30

Weitere Informationen:
6, Rue Hardy, 78000 Versailles
Tel.: 01 39 24 62 00
Fax: 01 39 24 62 01

Sehenswertes in der Nähe:
Paris; Saint-Germain-en-Laye

Hinter den Spalierobstbäumen ragt die Kuppel der Cathédrale St.-Louis auf.

Die Gärten

1 Bagatelle
2 Parc des Buttes-Chaumont
3 Jardin Cavelier de la Salle
4 Parc André Citroën
5 Jardin des Halles
6 Jardin des Plantes
7 Jardin du Luxembourg
8 Parc Monceau
9 Parc Floral de Paris
10 Cimetière du Père Lachaise
11 Les Serres d'Auteuil
12 Les Jardins des Tuileries
13 Parc de la Villette

Legende

Autobahnen
Wichtige Fernstraßen
③ Gärten

Gartenreisen

Nördliche Tour: 10, 2, 13
Stadtzentrum: 5, 6, 3, 7, 12

Paris

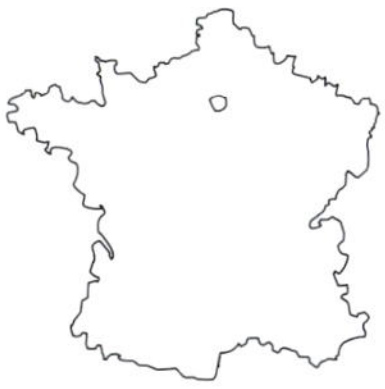

In Paris gibt es zahlreiche, von den Einwohnern geschätzte öffentliche Gärten. Als Ludwig XIII. 1626 den Jardin Royal des Plantes Médicinales (später Jardin des Plantes) gründete, erlaubte er einem Händler, Limonade an die Besucher zu verkaufen. In der zweiten Hälfte des 17. Jahrhunderts wurden öffentliche Gärten zu Orten, an denen man sah und gesehen wurde – „le théâtre de l'univers".

Mit den von Katharina von Medici im 16. Jahrhundert geschaffenen Tuilerien (siehe S. 100–101), direkt westlich der Stadtmauern, beginnt eine Reihe von Gärten und Avenuen, die ständig nach Westen erweitert wurden (bis ins späte 20. Jahrhundert). Im frühen 17. Jahrhundert verlängerte der Cours de la Reine von Maria von Medici die Tuilerien nach Westen, und 1670 weitete André Le Nôtre diese Achse mit den Champs-Elysées noch aus. 1724, nach seinem Tod, reichte sie bis zum Place de l'Etoile. Damals führten diese Avenuen nach Westen ins offene Land, das so mit der Stadt verbunden wurde. Diese weiten öffentlichen Flächen, wie auch viele Gärten um die Häuser der königlichen Familie

Lebendige, neue Rabatten in den Tuilerien.

oder mächtiger Höflinge, haben bis heute Bestand. Königin Maria von Medici, die Frau von Heinrich IV., erschloß am linken Seineufer, weit südlich der Stadtmauern, einen neuen Besitz. Heute ist der Garten des Palais du Luxembourg (siehe S. 97) ein beliebter öffentlicher Park. Im späten 18. Jahrhundert gestaltete der Herzog von Chartres den pittoresken Phantasiegarten Monceau, der als Parc Monceau (siehe S. 98) zu den attraktivsten Parks der Stadt gehört. Bagatelle (siehe S. 92) im Bois de Boulogne entstand zur gleichen Zeit. Allerdings büßte er seine aristokratische Eleganz des 18. Jahrhunderts zugunsten eines öffentlichen Parks mit demokratischem Zuschnitt ein. Seit 1860 veränderte Baron Haussmann die Stadt. Er baute neue Boulevards und verbreiterte vorhandene Straßen. Da er die Notwendigkeit öffentlicher Parks erkannte, schuf er den Parc des Buttes-Chaumont (siehe S. 93), gestaltete den Parc Monceau um und öffnete den Bois de Boulogne und den Bois de Vincennes für das Publikum.

Der Wunsch nach Grünflächen in der Innenstadt führte im 20. Jahrhundert zur Gründung weiterer öffentlicher Parks. Der Landschaftsarchitekt J. C. N. Forestier, damals Baudirektor von Paris, öffnete den privaten Garten Bagatelle für die Bürger. Mit der Stadterneuerung entstanden weitere Parks. Ein lebendiges Beispiel für die geänderte Sichtweise ist die Entwicklung des Citroënwerks (siehe S. 94–95). Es entstand während des 1. Weltkrieges als Munitionsfabrik am Quai de Javel und wurde nach dem Krieg eine Autofabrik. In den 90er Jahren gestaltete man das Gelände zu einem lebendigen öffentlichen Garten um. Nur wenige Städte in der Welt opfern so viel kostbaren Platz zum Wohle ihrer Bürger.

Die spektakulären, computergesteuerten Springbrunnen im Parc André Citroën.

Bagatelle

Am Westrand von Paris, im Bois de Boulogne

ganzjährig, tägl., 8.30–20 (Sommer), 9–17.30 (Winter)

Weitere Informationen:
Route de Sèvres-à-Neuilly,
Bois de Bologne, 75016 Paris
Tel.: 01 45 01 20 50
Fax: 01 40 71 87 37

„Ich spazierte durch den Park von Bagatelle, überwältigt von üppig blühenden Gänseblümchen und Narzissen ... welcher Kummer ließe sich nicht durch die Schönheit der Natur lindern?" schrieb Simone de Beauvoir in ihren Memoiren. Bagatelle hat bis heute zahlreiche Besucher bezaubert. Das kleine Schloß wurde 1777 für den Comte d'Artois, den Bruder Ludwigs XVI., nach Plänen von François-Alexandre Bélanger erbaut. Der Comte d'Artois beauftragte den schottischen Landschaftsgärtner Thomas Blaikie mit der Planung des Parks. Er gestaltete ihn in pittoreskem Stil mit Senken, Flüssen, Felsvorsprüngen, Kaskaden und abwechslungsreicher Bepflanzung.

Nach der Französischen Revolution erwarb Napoleon Bonaparte den Besitz, nach 1815 ging er jedoch an den Comte d'Artois zurück. 1835 kaufte Lord Seymour (der spätere Marquis von Hertford) das Anwesen und vererbte es an seinen unehelichen Sohn Sir Richard Wallace. Der wiederum vererbte es seinem Sekretär Sir Henry Murray Scott; 1905 kaufte es die Stadt Paris. Nach 1905 legte der Landschaftsgärtner J. C. N. Forestier einen spektakulären Rosengarten und mehrere Beete an, die nach Farbtheorien des Impressionismus bepflanzt wurden. Zum heutigen Park kamen zahlreiche Neuerungen hinzu, obwohl sich Reste aus den verschiedenen Zeiten erhielten, die ein harmonisches Ganzes bilden.

Südlich des Schlosses blieben Teile von Blaikies Garten erhalten. Der formale Garten im Ehrenhof und der *jardin français* folgen den Grenzen des Gartens aus der Bauzeit des Schlosses. Von den Bäumen im Geschmack des 19. Jahrhunderts – besonders beliebt waren Koniferen – sind Araukarien, die seltenen syrischen Wacholder und Kaukasusfichten bemerkenswert.

Der Rosengarten (von Jules Gravereaux und Forestier) bei der Orangerie enthält vorwiegend moderne Sorten und ist wunderbar gepflegt. Bagatelle ist interessant und sehr beliebt, dennoch hat sich dieser große Garten – über 24 ha – auch an geschäftigen Tagen immer noch Ecken köstlicher Ruhe bewahrt.

Das Schloß des 18. Jahrhunderts trägt die Inschrift „Klein, aber angemessen".

2 *Parc des Buttes-Chaumont*

Östlich vom Pariser Stadtzentrum; Métro: Botzaris oder Buttes-Chaumont

ganzjährig, tägl., ab 9.00 durchgehend

Weitere Informationen:
Rue Botzaris, 75019 Paris
Tel.: 01 46 51 71 20

In den 1860er Jahren wandelte Baron Haussmann die Hügel von Buttes-Chaumont zu einem öffentlichen Park für die wachsende Bevölkerung des 19. und 20. Arrondissements um. Der Plan von J.-C. A. Alphand und J.-P. Barillet-Deschamps bezog die dramatische Hügellage in die Gestaltung ein. Auf einem 50 m hohen Naturfelsen wurde ein Belvedere (Kopie des Sibyllentempels im Tivoli) erbaut; eine gewaltige Kaskade ergießt sich in einen See, und Zementbrücken wurden rustikal überarbeitet, bis sie wie Baumrinde aussahen. Die Hügel sind dicht mit Bäumen bepflanzt, keine Seltenheiten, aber immerhin viele prachtvolle Exemplare von *Catalpa bignonioides*, mehrere Roßkastanien und sogar ein oder zwei alte Ölbäume.
Am Wochenende wird der Park von vielen Menschen besucht, die sich hier amüsieren – so wie Haussmann es vorgesehen hatte.

3 *Jardin Cavelier de la Salle*

Métro: Port Royal

ganzjährig, tägl., durchgehend

Weitere Informationen:
Avenue de l'Observatoire,
75006 Paris

Dieser lange, schmale Garten ist eigentlich eine Verlängerung der zentralen Blickachse des Palais du Luxembourg (siehe S. 97). Dennoch ist er ein ganz eigener Garten, der auf dem Grundstück des nach der Revolution enteigneten Kartäuserordens entstand. Der Garten erinnert an den bemerkenswerten René-Robert Cavelier de la Salle; er war im 17. Jahrhundert Pelzhändler und befuhr als erster Europäer den Mississippi in voller Länge. Als er im April 1682 den Golf von Mexiko erreichte, nahm er das ganze Mississippital für König Ludwig XIV. in Besitz und nannte es Louisiana.

Der kaum bekannte öffentliche Garten des 19. Jahrhunderts gehört zu den schönsten seiner Zeit in Paris. Schmale Rasenflächen, flankiert von Wegen mit Roßkastanien, durchziehen ihn auf ganzer Länge. In der Rasenmitte stehen Reihen dramatischer Statuen und Marmorsäulen mit Bronzeurnen. Beidseitig der Wege unter den Bäumen stehen wunderschöne Bronzeleuchten auf hübschen Steinplinthen – im Winter beleuchten sie den Weg. Am Südende des Gartens, am Place E. Denis, steht ein verblüffender Springbrunnen (*Les Quatre Parties du Monde*) mit bemerkenswerten Skulpturen von J. B. Carpeaux. Vier nackte

Die „Vier Teile der Erde" von J. B. Carpeaux.

Figuren halten die Weltkugel hoch, während zu ihren Füßen Pferde springen und Delphine spielen. Bronzeschildkröten im Becken sprühen kräftige Wasserstrahlen auf die Figuren. Der prachtvolle Durchblick nach Norden endet am Palais du Luxembourg. Die Zierelemente im Garten zeugen von hoher Kunstfertigkeit – achten Sie etwa auf die Simse um den Brunnen. Gerade solche Details bestimmen den Charakter des Ortes und machen ihn zum Inbegriff eines öffentlichen Parks in Paris.

4 *Parc André Citroën*

Am südwestlichen Rand des Stadtzentrums; Métro: Javel

ganzjährig, tägl., durchgehend

Weitere Informationen:
Rue Leblanc, 75015 Paris

Dieser prachtvolle Garten ist eine Seltenheit – eine völlig neue Gartenlandschaft von 13 ha als Kern einer Rekultivierungsmaßnahme mitten in der Stadt. Comte d'Artois gründete hier 1777, auf dem Land des Königs, eine der ältesten Fabriken Frankreichs. Während des 1. Weltkrieges arbeitete hier die Munitionsfabrik Citroën, nach dem Krieg ein Autowerk.

Inzwischen ragen um einen zentralen Park Wohnhäuser, Büros und andere Gebäude auf. Für die Gestaltung zeichnet der Architekt Patrick Berger in Zusammenarbeit mit dem Landschaftsgestalter Gilles Clément verantwortlich. Im Zentrum sorgt eine riesige Rasenfläche, umgeben von Kanälen, für Ruhe; einige Baumgruppen beleben den Park. Von Wasserrutschen durchbrochene Hainbuchenhecken bilden an der Nordseite einen Wall. Dahinter verläuft ein gepflasterter Spazierweg zu mehreren, abgeschlossenen Gärten. Manche sind als tief abgesenkte Flächen angelegt, die man von oben betrachten kann, die meisten wurden jedoch mit bestimmten Farbthemen bepflanzt. Im Silbergarten findet man z. B. Reihen silberner Birnen in Trauerform (*Pyrus salicifolia* ‚Pendula') beiderseits eines schmalen Holzdecks. In der Mitte liegt ein Kiesgarten mit Horsten von Schwingel, Beifuß, Disteln und Königskerzen. Am Ende des zentralen Rasens erhebt sich eine leicht ansteigende, gepflasterte Terrasse mit einem ungewöhnlichen Brunnen: Mehrere Fontänen in geometrischer Anordnung bilden, computergesteuert, unendliche Muster aus ansteigendem und fallendem Wasser. Beidseitig davon stehen riesige Glashäuser – eines enthält eine Ausstellung, das andere beherbergt subtropische Pflanzen. Auf der Terrasse davor stehen Reihen von

Nüchterne, zeitgenössische Architektur wird durch üppige Bepflanzung gemildert.

Lagerstroemia indica in Versailles-Kübeln, und an einer Seite wächst ein formaler Hain aus 5 m hohen, zu Säulen beschnittenen *Magnolia grandiflora*. Als ich den Park an einem Morgen im Herbst besuchte, erwachte er gerade zum Leben: Menschen führten ihre Hunde aus, ein Mann auf einer Bank las Zeitung – der Park schien schon seit 100 Jahren zu bestehen.

5 *Jardin des Halles*

Métro: Halles

immer

Weitere Informationen:
Rue Berger, 75001 Paris

Als die alten Markthallen aus Glas und Eisen abgerissen und das Centre Pompidou von Renzo Piano und Richard Rogers errichtet wurde, verwandelte sich ein pralles Geschäftszentrum in eine Touristenattraktion. Dieses Viertel hat Emile Zola in seinem Buch *Le Ventre de Paris* beschrieben – heute herrscht hier eine internationale Anonymität. Dennoch haben sich die neuen öffentlichen Gärten nach nunmehr 20 Jahren gut entwickelt; sie bilden Räume aus Laub, es gibt blühende Sträucher und von Bäumen gesäumte Spazierwege. Sie bilden einen schönen Hintergrund für die scharfen Kanten und außerirdischen Formen des Centre Pompidou und des Forum des Halles. Von Reben umrankte Gitter, Hecken aus Eiben und Ölweide, Lindenhaine, gelegentlich eine Rasenfläche sorgen für Schlupfwinkel, die die Bevölkerung zu genießen scheint.

Städtische Grünanlagen des 20. Jahrhunderts in großem Maßstab.

6 Jardin des Plantes

Südöstlich der Stadtmitte; Métro: Gare d'Austerlitz oder Jussieu

ganzjährig, tägl., durchgehend (20.00 im Sommer); Gewächshäuser tägl. außer Di., 15–17

Weitere Informationen:
57, Rue Cuvier, 75005 Paris
Tel.: 01 40 79 30 00
Fax: 01 40 79 34 84

Der 1626 von Ludwig XIII. als Jardin Royal des Plantes Médicinales gegründete Garten diente nicht nur der Forschung, er war auch der erste öffentliche Park in Paris. John Evelyn besuchte ihn 1643, früh in seinem Leben, und fand ihn „reichlich mit exotischen Pflanzen ausgestattet".

Er steht seit seiner Gründung bis heute im Dienst botanischer Forschung. Im 18. Jahrhundert wurde der Naturforscher George-Louis Leclerc de Buffon Direktor, und 1724 brachte der junge Bernard de Jussieu eine kleine Libanonzeder mit – angeblich in seinem Hut, weil er keinen Topf hatte. Der Baum gedieh und wurde beliebtes Ausflugsziel der Pariser. Im späten 18. Jahrhundert wurde hier das Muséum d'Histoire Naturelle gegründet und dient bis heute der Forschung. Der bekannte Evolutionsforscher Jean Lamarck, der seine Theorien vor Darwin entwickelte, wurde 1774 Direktor des Gartens.

Der heutige Garten ist sowohl botanische Forschungsstätte wie ein beliebter öffentlicher Park. Er enthält zahllose winterharte und empfindliche Pflanzen, die im *jardin à la française* (gegenüber des Haupteingangs am Place Valhubert) in die Beete gepflanzt werden.

Sommerblumen wachsen zusammen mit Rosen und Dahlien.

Beidseitig eines breiten Weges – eine Doppelallee mit Platanen – liegen Beete mit Sommerpflanzen: 150 Dahliensorten, über 100 Cannas und unzählige Einjährige. In den nördlich davon liegenden Beeten des botanischen Gartens findet man über 3000 Arten winterharter Pflanzen, die nach Familien geordnet sind (geöffnet an Wochentagen 8.00–11.00 und 13.30–17.00; Samstag, Sonntag und Schulferien geschlossen). Mehrere Sammlungen sind unter Glas, z. B. 1700 Orchideenarten, insgesamt 15.000 unterschiedliche Pflanzen – die größte Sammlung tropischer Pflanzen in Europa.

Der Garten bietet aber nicht nur etwas für den Gärtner: Es gibt eine Menagerie, und viele Besucher suchen einfach eine Bank, um sich auszuruhen. So erfüllt der Garten noch heute die Bestimmung, die Ludwig XIII. für das 17. Jahrhundert geplant hatte: akademische Forschung und Entspannung.

7 *Jardin du Luxembourg*

Métro: Luxembourg

„Der Anblick der Alleen im Luxembourg erfüllt mein Herz mit Freude", schrieb Alfred de Musset, „wie oft habe ich schon voller Poesie im Schatten gelegen." Der Garten mag ein Ort für poetische Einsamkeit sein, er eignet sich aber auch hervorragend für Feierlichkeiten. Der Maler Watteau kam im 18. Jahrhundert hierher, bewunderte die Gemälde von Rubens im Palast und die Bäume im Garten und fühlte sich inspiriert, seine wunderschönen *Fêtes Galantes* zu malen.

Die Geschichte des Gartens beginnt mit Maria von Medici, die 1600 die zweite Frau von Heinrich IV. wurde. Zwölf Jahre später wollte sie die Erinnerung an ihre Jugend im Palazzo Pitti (Florenz) heraufbeschwören und beauftragte den Architekten Salomon de Brousse mit einem Schloß und einem Garten. Das Palais du Luxembourg blieb bis zur Französischen Revolution königlicher Palast, wurde dann Gefängnis, und 1801 brachte Napoleon Bonaparte dort die Senatsversammlung unter, die noch heute hier tagt.

Im 19. Jahrhundert gestaltete man den Garten zum öffentlichen Park um. Obwohl er heute maßgeblich durch die Fülle des 19. Jahrhunderts geprägt wird, findet man noch Reste früherer Zeiten. So blieb die Grotte von Alexandre Francini (17. Jahrhundert) bis heute erhalten – wenn auch stark verändert und an neuem Ort. Die dominierende Südachse und der abgesenkte Garten vor der Schloßfassade gehen auf Pläne des 17. Jahrhunderts zurück. Lebendige Sommerbeete, Statuen und Urnen von hoher Qualität sowie schattige Wege unter Roßkastanien und Linden machen den Garten auf Schritt und Tritt zum Genuß.

Außerdem enthält er eine bemerkenswerte Sammlung von Pflanzen. In enormen Versailles-Kübeln werden empfindliche Pflanzen gezogen – darunter über 40 Sorten von Oleander und verschiedene Sorten von Zitruspflanzen, Granatäpfeln und Palmen. Unter Glas wächst eine ausgezeichnete Sammlung von Orchideen, darunter 400 verschiedene Arten und Sorten des Frauenschuhs (*Paphiopedilum*). Manche der schönen Bäume gehen noch auf die Neubepflanzung zu Beginn des 19. Jahrhunderts zurück.

Der Garten ist ungeheuer beliebt. Ein Grund ist sicher, daß er sich sein beschwingtes Flair erhalten hat, das Watteau so bezauberte und das er in seinen Bildern einfing.

ganzjährig, tägl., 7 bis eine Stunde vor Sonnenuntergang (im Winter ab 8 geöffnet)

Weitere Informationen:
Boulevard St.-Michel, 75006 Paris
Tel.: 01 42 34 20 00

Überschwengliche Blütenpracht vor der Fassade des Palais du Luxembourg.

8 Parc Monceau

Nordwestlich der Stadtmitte; Métro: Monceau

ganzjährig, tägl., ab 9 durchgehend

Weitere Informationen:
Boulevard de Courcelles,
75008 Paris

„Wir streiften umher, bis die Nacht hereinbrach, Nachtigallen sangen, und eine Brise, die über die Rosenbeete strich, füllte die Luft mit Duft und Frische", schrieb der Reisende John Carr 1802. Obwohl der Parc Monceau heute eine vielgenutzte öffentliche Anlage ist, hat er sich etwas von dem romantischen Zauber bewahrt, der Carr so entzückte. Louis Carrogis schuf ihn in den 1770er Jahren für den Duc de Chartres als pittoresken Landschaftspark voller Ornamente und dekorativer Gebäude. Kurz vor Ausbruch der Französischen Revolution überarbeitete der Landschaftsgestalter Thomas Blaikie den Plan, danach wechselten mehrfach die Besitzer. Georges Haussmann öffnete ihn dem Publikum in den 1860ern.

In dem leicht gewellten Gelände haben sich die Spuren verschiedener Perioden erhalten. Die Kolonnade stammt aus dem Valois-Grab von Saint-Denis in Paris. Eine prachtvolle ägyptische Pyramide geht ebenso auf Carmontelle zurück wie mehrere zerbrochene Säulen und Steinmetzarbeiten, die romantisch von Gras überwuchert werden. Mehrere Denkmäler, darunter eine schöne Statue von Chopin, zeugen vom Geschmack des 19. Jahrhunderts. Die gewundenen Wege zwischen den Baumhainen und wechselnde Durchblicke lassen den Garten größer erscheinen, als er ist. Den Eingang am Boulevard de Courcelles zieren prachtvolle goldene und schwarze Gitter und mit hübschen Schnörkeln verzierte Eisentore. Daneben steht – als Rest des ursprünglichen Parks des Duc de Chartres – ein Häuschen mit exquisiter Kuppel und Säulen, das der klassizistische Architekt Claude Nicholas entworfen hat. Heute dient es ganz profan als Bedürfnisanstalt.

Ein Arkadien des 18. Jahrhunderts mitten in Paris.

9 Parc Floral de Paris

Am Ostrand von Paris; Métro: Château de Vincennes

Der ursprüngliche Königsbesitz Vincennes ist heute zersplittert, und die mittelalterliche Burg vom Bois de Vincennes abgetrennt, der mit fast 1000 ha immer noch der größte öffentliche Park in Paris ist.

An der anderen Seite der Straße zur Burg liegt der Parc Floral de Paris. Er geht auf eine Gartenschau aus dem Jahr 1966 zurück und bedeckt heute eine Fläche von 30 ha. In diesem Schaugarten wurde eine große, nach Gruppen geordnete Pflanzensammlung – darunter Kamelien, Fuchsien und Pfingstrosen – in einen Ziergarten eingebunden. Daneben gibt es mehrere thematische Sammlungen: Mittelmeerpflanzen, medizinische, Duft- und eßbare Pflanzen. Markant eingesetzte moderne Skulpturen und Gartenschmuck konkurrieren mit modern gepflanzten, farbigen Schwüngen. Wer nur die Pflanzen betrachten möchte, kommt am besten während der Woche hierher. Am Wochenende, wenn sich der Park mit Menschen füllt, hat er allerdings einen besonders heiteren Charakter.

31. März bis 29. Sept., tägl., 9.30–20; 30. Sept. bis 27. Okt., tägl., 9.30–19; 28. Okt. bis 1. Mai, tägl., 9.30–17.30

Weitere Informationen:
Route des Pyramides, Esplanade du Château-de-Vincennes,
75012 Paris
Tel.: 01 43 43 92 95
Fax: 01 43 65 46 42

10 Cimetière du Père Lachaise

Östlich der Stadtmitte; Métro: Philippe Auguste

Der alte Cimetière de l'Est wurde 1804 auf dem ehemaligen Besitz der Jesuiten angelegt. Der Architekt Brongniart plante eine völlig neue Art von Friedhof. Er schuf eine hübsche Landschaft, die das geneigte Gelände des jesuitischen Obstgartens nutzte. Schon bald wurde er zum bekanntesten Friedhof Frankreichs und heute dient er als Wallfahrtsort für Besucher, die den mehr oder weniger bekannten Toten Ehrfurcht erweisen möchten – von Marcel Proust bis Jim Morrison.

Dennoch wirkt diese großartige Nekropole auch als Landschaft. Eine schwindelerregende Allee aus Zypressen führt als starke Achse vom Eingang weg, und Wege schlängeln sich zwischen den Grabsteinen in allen Stilrichtungen entlang. Eine unverschämte Sphinx mit vorstehenden Lippen – geschaffen von Sir Jacob Epstein – erinnert an Oscar Wilde. Antoine-Augustin Parmentier, der die Kartoffel populär machte, ruht unter einem bemerkenswerten klassizistischen, weißen Marmorstein mit einem Fries, das Kartoffelpflanzen zeigt, Marcel Proust unter einem glatten Tisch aus schwarzem Marmor. Eine romantische Trauerweide beschattet das Grab von Chopin. All diese Monumente drängen sich neben vielen Bäumen und den kräftigen Farbtupfern der Blumen auf dem steilen Hügel.

März bis Nov., tägl., 7.30–18; Dez. bis Feb., tägl., 8–17.30 (an Wochenenden u. in den Schulferien ab 8.30 geöffnet)

Weitere Informationen:
Boulevard de Ménilmontant,
75020 Paris
Tel.: 01 43 70 70 33

Bäume und gelegentlich ein Farbtupfer zwischen den Gräbern.

11 Les Serres d'Auteuil

Südwestlich der Stadtmitte, an der Porte d'Auteuil; Métro: Porte d'Auteuil

ganzjährig, tägl., 10–19 (im Winter ab 17 geschlossen)

Weitere Informationen:
Avenue de la Porte-d'Auteuil,
75016 Paris
Tel.: 01 46 51 71 20

Einst war dieser Garten Teil des von Ludwig XV. gegründeten botanischen Gartens. Seit 1898 werden hier im *fleuriste municipal* Tausende von Beetpflanzen für die öffentlichen Gärten von Paris angezogen. Ein prächtiges Gewächshaus aus jener Zeit beherbergt noch immer eine eindrucksvolle Sammlung empfindlicher Pflanzen. Davor liegen herrlich gepflegte Rasen, umgeben von schmalen Beeten. So attraktiv dies alles auch ist, der Wert des Gartens liegt in den außergewöhnlichen Bäumen. Ein seltener, 30 m hoher *Ailanthus giraldii* breitet seine Zweige mit den fein gefiederten Blättern aus. Eine mächtige alte *Sophora japonica* 'Variegata' hat eine wogende Krone mit elegantem, silbrigem Laub ausgebildet. Ein prachtvoller *Platycarya strobilacea* – sehr selten in Gärten – wurde 1907 gepflanzt und ist nun 20 m hoch. Die wunderschöne chinesische Flügelnuß *(Pterocarya stenoptera)* gehört zu den größten in Europa.

In dem benachbarten Jardin des poètes hat man Zitate, die sich mit Pflanzen und Gärten befassen, auf Platten geschrieben. Guillaume Apollinaire seufzte 1912: „Ich kann dich, fernes Auteuil, bezaubernder Ort meiner großen Trauer, niemals ohne Gefühl des Bedauerns verlassen." Noch heute sind die Serres d'Auteuil so hinreißend, daß sie den Lärm des nahen Boulevard Périphérique fast vergessen läßt.

Ein prachtvolles Gewächshaus der *Belle Epoque* und unübertreffliche Bäume.

12 Les Jardins des Tuileries

Mitten in Paris; Métro: Louvre; Palais Royal; Concorde

ganzjährig, tägl., durchgehend

Weitere Informationen:
Rue de Rivoli, 75001 Paris
Tel.: 01 42 60 27 67

Der erste Garten der Tuilerien entstand im 16. Jahrhundert auf dem Land vor den Stadtmauern. 1564 gab Katharina von Medici, die Witwe von Heinrich II., bei Philibert de l'Orme einen Palast in Auftrag. Dazu gehörten kunstvolle Gärten, in denen unter anderem Pierre Le Nôtre, wahrscheinlich der Großvater von André Le Nôtre, als Gärtner arbeitete. Er war es, der fast 100 Jahre später den Tuilerien ihre heutige Gestalt gab.

Napoleon Bonaparte hatte hier eine seiner Residenzen, und der Palast blieb königlicher Wohnsitz bis zu seiner Zerstörung im Preußisch-Französischen Krieg. Später im 19. Jahrhundert wurde der Garten sehr beliebt, er wurde mit Skulpturen von Maillol und Rodin und Schmuck aus den ehemaligen königlichen Gärten von Marly verziert. In den 90er Jahren unseres Jahrhunderts erwachte der Garten zu neuem Leben. Louis Benech, Pascal Cribier und Jacques Wirtz überarbeiteten das Design und die Bepflanzung. Benech und Cribier legten Rasen und Rabatten um die kunstvollen

Parterres an. Wirtz schuf einen Garten für den Cour du Carrousel mit Durchgängen aus Eiben und abgeschlossenen Quadraten aus Linden. Vom Arc du Carrousel strahlen Steinwege in Kiesbettung aus, die sich in einen abgesenkten Garten mit runden Eibenhecken fortsetzen. Der Garten ist noch immer Teil von Le Nôtres Achse, die jedoch ganz anders endet, als er es sich hätte träumen lassen: Im Osten liegt die Glaspyramide vor dem Louvre, im Westen die gigantische Arche de la Défense.

13 *Parc de la Villette*

Nordöstlich der Stadtmitte; Métro: Porte de Pantin

immer

Weitere Informationen:
Avenue Jean-Jaurès, 75019 Paris
Tel.: 01 42 40 27 28

Der Marché aux Bestiaux, der ehemalige Viehmarkt, wurde in einen neuen Vielzweckpark umgestaltet – einerseits ein kulturelles Zentrum mit Schwerpunkt auf Musik, andererseits ein Wissenschaftsmuseum und ein öffentlicher Park von Bernard Tschumi.

Auf dem riesigen, freien Platz mit Kopfsteinpflaster und Granitplatten steht ein gestuftes Becken und ein Brunnen mit wasserspeienden Löwen. Die makellos restaurierte Grande Halle aus Eisen und Glas beherbergt ein Restaurant und kulturelle Veranstaltungen. Auf einer Seite liegen Rasenflächen – hier wird viel Fußball gespielt – und eine lange Platanenallee; den Rand schmücken große, moderne Skulpturen. Das nahe gelegene, moderne Gebäude der Cité de la Musique beherbergt ein Musikmuseum und Auditorien.

Am Canal de l'Ourcq gibt es mehrere Gärten mit verschiedenen Themen: einen Bambusgarten, einen lebendigen Wassergarten und einen Spaliergarten mit Skulpturen von Jean-Max Albert. Nördlich des Parks steht das erstaunlich schimmernde, kugelförmige „La Géode", es ist ein Kino. Dahinter liegt das bemerkenswerte Museum für Wissenschaft und Technologie. Im Unterschied zu anderen Pariser Gärten fehlen im Parc de la Villette die Schlupfwinkel, die viele Leute lieben. Dennoch ist er ein lebendiger, geschäftiger Ort.

Brillante Farben, spiegelndes Glas und einzelne Bäume.

Die Gärten

1 Albi: Palais de la Berbie
2 Albi: Parc de Rochegude
3 Arboretum de Balaine
4 Arboretum National des Barres
5 La Bastie d'Urfé
6 Bordeaux: Jardin Public
7 Manoir Capiplante
8 Palais Idéal du Facteur Cheval
9 Parc Floral de la Court-d'Aron
10 Manoir d'Eyrignac
11 Gaillac: Parc de Foucaud
12 Domaine de La Garenne Lemot
13 Château de Hautefort
14 Arboretum de la Jonchère
15 Limoges: Jardin de l'Evêché und Jardin Botanique
16 Luçon: Jardin Dumaine
17 Lyon: Parc de la Tête d'Or
18 Château de Malle
19 Château de Merville
20 Parc de Mont-Méry
21 Château de Pizay
22 Château de la Roche-Courbon
23 Rochefort: Corderie Royale
24 Tarbes: Jardin Massey

Legende

Autobahnen
Wichtige Fernstraßen
Gärten
Größere Städte
Kleinere Orte

Gartenreisen

Nördliche Tour: 9, 16, 7, 23, 22
Südliche Tour: 1, 2, 19, 11

Zentral- und Südwest-frankreich

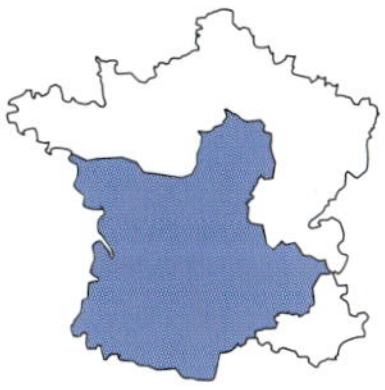

Dieser weite Teil Frankreichs gehört zu den attraktivsten und vielseitigsten Regionen des Landes. Seine berühmten Weingüter, wunderschönen Landschaften und die regionale Küche locken viele Besucher an. Die Region wird vom Massif Central in der Landesmitte und den großen Flüssen dominiert – der Garonne im Westen und der Rhone im Osten.

Große Gärten standen stets in Zusammenhang mit Reichtum. Öffentliche Gärten von der Qualität des Jardin Public in Bordeaux (siehe S. 109) wird man kaum in ärmeren Gemeinden finden. Bordeaux verdankt seinen Reichtum dem Hafen und seiner Rolle als Weinumschlagplatz. Einige der interessantesten Gärten basieren auch auf privatem Reichtum. So besitzt z. B. die Familie Haviland, der Schloß und Park von Mont-Méry gehören (siehe S. 120), Porzellanfabriken in Limoges.

Die Atlantikküste südlich der Loire gehört zu den sonnigsten Regionen Frankreichs. Daher gedeihen in Gärten wie dem Parc Floral

Entzückender Kitsch im Jardin Dumaine in Luçon.

de la Cour-d'Aron (siehe S. 111), nahe der Küste nördlich von La Rochelle, viele subtropische Pflanzen. Die Weingüter des Bordelais profitieren vom günstigen Küstenklima und von der langen Sonnenscheindauer. Reichtum aus dem Weinanbau schlug sich auch im Bau vieler prächtiger Häuser nieder. Das Château de Malle (siehe S. 119) mit seinem reizenden Garten ist ein hervorragendes Beispiel. Andererseits verhindert das regenarme Klima an der Küste die Entwicklung ausgeprägter Wälder. Weiter im Landesinnern, am Massif Central, regnet es mehr, und das Klima wird kühler. Hier gibt es zahlreiche gute Sammlungen mit Bäumen, das Arboretum National des Barres (siehe S. 108) zeichnet sich besonders aus. Die prachtvollen Bäume im nur 100 Jahre alten Parc de Mont-Méry legen Zeugnis für das gute Baumwachstum in dieser Region ab. Weiter nordöstlich liegt einer der größten Eichenwälder Frankreichs, der Tronçais – er liefert das Holz für die Weinfässer der besten Weingüter.

Gärten und Besitztümer weiter im Süden haben fast mediterranen Charakter. Im Parc de Foucaud (siehe S. 113) steht ein Haus des 17. Jahrhunderts mit Doppeltreppe und Arkadenloggia in typisch italienischem Stil. Der Einfluß Italiens wird im Rhonetal noch deutlicher. Die Bastie d'Urfé (16. Jahrhundert, siehe S. 108) gehört zu den ersten Gebäuden, die außerhalb Italiens durch die Renaissance geprägt wurden.

In dieser Region gibt es keine formalen Gärten in der Art der Ile-de-France. Dennoch findet man auch hier Beispiele für formale Einflüsse. Das Château de Merville (siehe S. 119) bei Toulouse besitzt einen seltenen Garten mit formalen Hainen und Alleen, die aus dem frühen 18. Jahrhundert stammen. Der Garten des Manoir d'Eyrignac (siehe S. 112) ist ein wunderbar gepflegter Garten des 20. Jahrhunderts, der die Ideen des 17. Jahrhunderts aufgreift.

Eine stattliche Urne ziert das Herbarium im Jardin Public in Bordeaux.

1 *Albi: Palais de la Berbie*

In der Stadtmitte, direkt nördlich der Kathedrale

Apr. bis Sept., tägl., 9–12 u. 14–18; Okt. bis Mrz, tägl. außer Di, 10–12 u. 14–17

Weitere Informationen:
BP 100, 81003 Albi Cédex
Tel.: 05 63 49 48 70
Fax: 05 63 49 48 88

Sehenswertes in der Nähe:
Albi (Musée Toulouse-Lautrec, Cathédrale de Sainte-Cécile)

Das eindrucksvoll befestigte Schloß, der Palast des Erzbischofs, wurde im 13. Jahrhundert aus den rosabraunen Ziegeln erbaut, die so typisch für die Region sind. Teile des Gebäudes beherbergen heute ein Museum für den größten Sohn der Stadt, Henri de Toulouse-Lautrec. Unter den Wehrmauern, am Rande einer Klippe, die den Tarn überragt, findet man einen der perfektesten und besonders gut gepflegten *jardin à la française.* Ein zentraler Kreis aus Buchsbaum wurde zu Mustern beschnitten, und die Lücken wurden mit Blumen gefüllt. Beiderseits strahlen garbenartige Formen aus beschnittenem Buchs aus, die an Stickereien erinnern. Sie werden von buchsgesäumten Beeten mit Einjährigen umgeben, jeweils mit kleineren Rundbeeten an der Basis. Vor den Schloßmauern zieht sich ein Hortensienbeet entlang.

Man kann den Garten nur von oben betrachten, von zwei langen Wegen, die von Wein- oder Glyzinenlauben beschattet werden. Vom Nordende ist der strömende Fluß zu erkennen, man sieht Brücken und in der Ferne Gruppen alter Häuser. Der Garten gehört zu den hübschesten Anblicken in ganz Frankreich, er wirkt vor den strengen Mauern des Schlosses wie ein phantasievolles Juwel.

Peinlich genau beschnittene Buchs- und Eibenflächen wurden mit Blumen bepflanzt.

2 *Albi: Parc de Rochegude*

Südl. der Stadtmitte

Sommer, tägl., 8–19; Winter, tägl., 9–17.30

Weitere Informationen:
Avenue du Maréchal-Foch,
81000 Albi
Tel.: 05 63 54 00 20

Sehenswertes in der Nähe:
Albi (Musée Toulouse-Lautrec, Cathédrale de Sainte-Cécile)

Obwohl dieser Stadtpark etwas ungepflegt wirkt, besitzt er Charme. Das Gelände ist leicht gewellt und für einen Stadtpark gut bewaldet. Unter den prachtvollen Einzelbäumen gibt es eine 250 Jahre alte Flaumeiche (*Quercus pubescens*) und mehrere prächtige Amerikanische Schwarznüsse (*Juglans nigra*).

Auf einer Seite des Hauses befindet sich ein schöner Teich mit Springbrunnen auf Steinsäulen, der mit wasserspeienden Bleiengeln und mittelalterlich anmutendem Schmuck verziert ist. Neben dem Parterre hinter dem Haus beschatten vier Platanen eine Statue von Henry de Pascal de Rochegude (1741–1834), dem Admiral, nach dem der Garten benannt ist. Hinter ihm fällt das Gelände mit schattigen Hainen, gewundenen Kieswegen und einem See ab – ein typischer englischer Park des 19. Jahrhunderts. Leider kümmert sich die Stadt Albi nicht angemessen um den Park, der sicher einen Besuch wert ist.

3 *Arboretum de Balaine*

13 km südlich von Nevers über die N7

März bis Nov., tägl., 9–12 u. 14–19

Weitere Informationen:
03460 Villeneuve-sur-Allier
Tel.: 04 70 43 30 07

Dieses 1805 von Aglaé Adanson (ihr Vater, Michel Adanson, arbeitete bis 1772 im botanischen Garten des Petit Trianon) gegründete Arboretum gehört zu den ältesten in Frankreich. Was der Vater auf seinen Reisen in englische Gärten gesehen hatte, muß den Plan der Tochter für den Park von Balaine beeinflußt haben. Aglaé Adanson legte auf gut bewässertem, etwas saurem Boden gewundene Wege, Brücken über Bäche und Lichtungen zwischen Bäumen an, um ein günstiges Mikroklima für empfindliche Pflanzen zu schaffen – in einer der kühleren Regionen Frankreichs eine Notwendigkeit.

Dieser Garten spricht vor allem Baumliebhaber an. Auf 12 ha wachsen über 1200 Arten von Gehölzen. Am Seeufer hinter dem Haus reckt sich eine mächtige Sumpfzypresse (*Taxodium distichum*) gen Himmel, und es gibt einen Hain mit riesigen Mammutbäumen (*Sequoiadendron giganteum*). Eine kleine Baumschule bietet interessante Pflanzen an.

Das von einem Graben umgebene Haus kann nicht besichtigt werden. Dennoch bietet der Hof mit Reihen von Zitrusbäumchen in hübschen, alten, glasierten *pots d'Anduze* einen attraktiven Anblick.

Bemerkenswerte Bäume umgeben das Château.

4 Arboretum National des Barres

Östlich von Nogent-sur-Vernisson, 15 km südlich von Mantargis, über die N7

Mitte März bis Mitte Nov., tägl., 10–12 u. 14–18; Gruppen nach Vereinbarung ganzjährig

Weitere Informationen:
45290 Nogent-sur-Vernisson
Tel.: 02 38 97 62 21
Fax: 02 38 97 65 15

Das Arboretum des Barres wurde 1866 von Philippe André de Vilmorin gegründet und beherbergt eine der wertvollsten Gehölzsammlungen in Europa. Die Familie Vilmorin sammelte und züchtete seit dem 18. Jahrhundert neue Pflanzen und versorgte die Gärten des Westens mit zahllosen neuen Pflanzen.

Auf 35 ha stehen hier über 8000 unterschiedliche Pflanzen – vor allem Arten aus 2700 Gattungen. Wer sich für bestimmte Gruppen interessiert, findet hier 53 Arten *Viburnum*, 166 Rosen-, 39 Tannen-, 58 Eichenarten usw. Sie sind geographisch nach Herkunftsland oder systematisch nach Stellung im botanischen System angeordnet, während der Park des Château Vilmorin eine Sammlung von Zierpflanzen zeigt.

5 La Bastie d'Urfé

20 km nördlich von Montbrison, über die D8, D5 und D42

1. Apr. bis 31. Okt., tägl. außer Di, 10–12 u. 14.30–17.30; 1. Nov. bis 31. März, tägl. außer Di, 14.30–18

Weitere Informationen:
42130 Saint-Etienne-le-Molard
Tel.: 04 77 97 54 68

An der Stelle eines befestigten mittelalterlichen Herrenhauses baute in den 1540er Jahren Claude d'Urfé, ein Diplomat von Heinrich II., La Bastie d'Urfé völlig um. Er kehrte von seinem Posten in Rom als leidenschaftlicher Anhänger der Renaissance zurück und plante den Umbau seines Besitzes in dem neuen Stil. Der Eingangshof ist reiner Renaissancestil: Eine leicht ansteigende Rampe führt zu einer luftigen Loggia nach italienischer Art im ersten Stock. Zwischen den Steinbögen am Hofende sind zierliche Eisengitter mit vergoldeten Weinranken verziert. Dahinter liegt eine der außergewöhnlichsten und schönsten Gartengrotten Frankreichs. Der gewölbte Raum ist mit Nischen und alle Oberflächen sind mit exquisit verlegten Mustern aus Kieseln und Muscheln geschmückt. Einige der Bilder stammen aus der Mythologie – ein prächtiger Neptun hebt Muscheln an sein Ohr und ein schlangenartiger Fisch windet sich um seinen Dreizack – viele Motive blieben bis heute im dunkeln.

An einer Seite des Hauses liegen die Reste eines formalen Renaissancegartens. Acht Rasenflächen, gesäumt von Buchs mit Eibenkegeln an den Ecken, umgeben ein einfaches, aber elegantes Sommerhaus aus dem 16. Jahrhundert, das von zwei Säulen mit ionischen Kapitellen gestützt wird und ein konisches Dach trägt.

Im Renaissance-Ehrenhof schirmen schmiedeeiserne Gitter eine wundervolle Grotte ab.

6 *Bordeaux: Jardin Public*

In der Stadtmitte

Der Stadtplan von Bordeaux bringt die reiche Architektur des 18. Jahrhunderts bestens zur Geltung. Der 1746 begonnene Jardin Public wurde in die Stadt und die umgebenden Straßen integriert. Der Landschaftsarchitekt L.-B. Fischer gestaltete den ursprünglich formalen Garten mit kunstvollen Parterres im 19. Jahrhundert um. Ihm verdanken wir den heutigen, schlangenförmigen See, gewundene Wege, Baumgruppen und elegante Bogenbrücken über Bäche. Schöne Bäume beleben die Szene, darunter eine chinesische Götterpflaume (*Diospyros kaki*) und eine prachtvolle *Magnolia grandiflora*.

Ein neoklassizistisches Gebäude in der Parkmitte beherbergt ein Herbarium und eine Sammlung botanischer Literatur. Dahinter liegen die Beete des Jardin Botanique mit 2500 Pflanzen in systematischer Ordnung. Man findet Bäume, Kletterpflanzen und Sträucher neben den bekannteren Stauden und Holzgewächsen. Um einen Teich wurden attraktive, feuchteliebende Pflanzen angeordnet.

ganzjährig, Mo. bis Sa., ab 7 durchgehend

Weitere Informationen:
Cours de Verdun, 33000 Bordeaux
Tel.: 05 56 90 91 60

Sehenswertes in der Nähe:
die Stadt Bordeaux; Weingüter des Bordelais

Das hübsche neoklassizistische Herbarium und die botanische Bibliothek.

7 *Manoir Capiplante*

In der Ortsmitte, 4 km nördl. von La Rochelle, über die D104

Ostern bis Okt., Mo. bis Fr., 9–17 (geschlossen während der Schulferien)

Weitere Informationen:
21, Rue Léonce-Vieljeu,
17137 Nieul-sur-Mer
Tel.: 05 46 37 90 00

Sehenswertes in der Nähe:
La Rochelle

Der attraktive Garten gehört den Laboratoires Capiplante, einer Firma für Naturkosmetik, die den Besitz 1988 kaufte. Das Haus dient als Büro, der Garten steht Besuchern offen. Das 1806 erbaute Haus kam 1899 in den Besitz von Léonce Vieljeu. Er war Bürgermeister von La Rochelle, Mitglied der Résistance im 2. Weltkrieg und wurde 1944 erschossen. Sein Sohn Pierre beauftragte den Landschaftsgestalter Jacques de Wailly mit der Anlage eines Gartens (1949–1950).

Der Garten – ein *jardin à la francaise* im Stil des 20. Jahrhunderts – liegt hinter dem Haus. Den Kern bilden formale Rasenflächen mit Hainbuchen- und Eibenhecken, die vom Haus wegführen. Irische Eiben, Stechäpfel als Hochstämme und Kegel aus Eiben oder Hainbuche beleben die Rasenflächen. Beete mit blutroten Cannas und luftigem Lavendel lockern die Strenge auf. Eine Neptunfigur überblickt ein rechteckiges Becken am Ende des Gartens. An den Seiten des Gartens ändert sich die Stimmung völlig: Natürlich angeordnete Bäume und Sträucher – Japanische Ahorne, *Clerodendrum trichotonum*, Magnolien, Hartriegel und *Metasequoia glyptostroboides* öffnen sich zu Wiesen. Formale Elemente, wie eine Bank, die von einer bogenförmigen Hecke umschlossen wird, und ein Quincunx aus Silberbirken, lockern die Szene auf. Auf dem Weg zurück zum Haus passiert man die Allée aux Lions, an deren Ende Stufen zu einem Halbkreis aus Buchshecken hinaufführen, über die eine Apollonstatue auf barocker Plinthe wacht.

Eine Apollonstatue des 17. Jahrhunderts vor einem Hintergrund aus Eiben und Buchs.

8 *Palais Idéal du Facteur Cheval*

28 km nördlich von Romans-sur-Isère, über die D538

Von diesem bemerkenswerten Ort ist man entweder begeistert oder sehr irritiert – unbeeinflußt bleibt kein Besucher. Auf seiner 32 km langen Tour träumte der Briefträger Cheval (geb. 1836) von einem ‚idealen Palast'. Eines Tages bemerkte er einen merkwürdig geformten Stein neben dem Weg und begann, Steine und Muscheln zu sammeln. Im Alter von 43 Jahren begann er in seiner Freizeit mit der Realisierung seines Traumes.

Ungewöhnlichere Gartengebäude sind wohl nie errichtet worden, und ihre Einzigartigkeit wird durch den normalen Garten noch betont. Obwohl es Anklänge an die klassische Architektur gibt, folgen die Gebäude keinem durchgängigen Plan. Die zufällig wirkenden Formen scheinen aus dem Boden zu wachsen. Sie quellen über vor Zierelementen, die sich zu überladenen Dekorationen zusammenfügen – häufig abstrakt, aber auch als windende Schlangen, Tierköpfe, Palmen, fauchende Monster und Figuren in Nischen. Monsieur Cheval arbeitete bei Mondlicht, er vernachlässigte seine Familie und opferte seine gesamte Freizeit dieser Obsession. Das Ergebnis ist von traumartiger Intensität, und trotz der überquellenden Dekoration zeugt es von introvertiertem Ernst. Heute ist der Garten eine Touristenattraktion, an dessen Eingang zahllose Souvenirverkäufer stehen.

Apr. bis Sept., tägl., 9–19; Okt. bis Nov., tägl., 9.30–17.30; Dez. bis Jan., tägl., 10–16.30 (25. Dez. u. 1. Jan. geschlossen); Feb. bis Mrz, tägl., 9.30–17.30

Weitere Informationen:
26390 Hauterives
Tel.: 04 75 68 81 19
Fax: 04 75 68 88 15

„Die Ekstase eines schönen Traumes und der Erfolg harter Arbeit" – Surrealismus im Garten.

9 *Parc Floral de la Cour d'Aron*

37 km östlich von Les Sables-d'Olonne, über die D949

So etwas wie hier habe ich weder in Frankreich noch anderswo gesehen. Dieser Garten zeigt exemplarisch, wie man im milden Klima dieser Region aus empfindlichen und ungewöhnlichen Pflanzen vielfältige Kombinationen gestalten kann. Eine 5 m hohe Banane, deren riesige Blätter sich mit den zierlichen Zweigen von *Albizia julibrissin* vermischen, schwingt sich über eine Irische Eibe. Die samtig-scharlachroten Blüten von *Lobelia cardinalis* schimmern durch die düsteren Blätter von *Cotinus coggyria.*

Reichlich vorhandenes Wasser wurde optimal eingesetzt, so daß man sich in Hainen mit *Cyperus papyrus* wie in einem ägyptischen Wadi fühlt. Im Hochsommer ist der Blick auf einen See besonders

29. Mrz bis 28. Sept., tägl., 10–19
Juli bis Aug., tägl., 10–12.30 u. 14–18.30

Weitere Informationen:
65540 Saint-Cyr-en-Talmondais
Tel.: 02 51 30 86 74
Fax: 02 51 30 87 37

spektakulär: Dann schwingt die Wasseroberfläche mit Lotusblättern (*Nelumbo nucifera*). Vom See weg führen Wege in Wäldchen mit den unterschiedlichsten Pflanzen – ein Wiesengarten mit blau- und violettblühenden Pflanzen und eine große Sammlung von Dahliensorten. Hier findet man gute Anregungen für Pflanzungen, etwa die hervorragende Kombination aus limonengrüner Kniphofie, purpurnem Fenchel und Keulenlilie. Für Gärtner gibt es hier viel zu betrachten und zu bewundern.

Apr. bis Mai, tägl., 10–12.30 u. 14–19; Juni bis Sept., tägl., 9.30–19; Okt. bis März, tägl., 10–12.30 u. ab 14 durchgehend; nur Führungen, auch nach Vereinbarung

Weitere Informationen:
24590 Salignac
Tel.: 05 53 28 99 71
Fax: 05 53 30 39 89

10 *Manoir d'Eyrignac*

13 km nordöstlich von Sarlat, über Nebenstraßen

Das hübsche Landhaus Manoir d'Eyrignac versteckt sich in ländlicher Umgebung. Der kunstvolle formale Garten geht auf das 18. Jahrhundert zurück, wurde aber in den 1960er Jahren umfassend überarbeitet.

Der heutige Eingang liegt am Ende einer langen Zufahrt, wo das Haus ein flaches Tal überblickt. Zum Haus führt eine Reihe von Räumen und Passagen, die von kunstvollem Formschnitt und Hecken gesäumt werden. Entlang eines langen Weges wechseln gebogene Hainbuchenpfeiler mit rundlichen Eibensäulen ab. In die Wände eines Rondells mit sternförmigem Kiesbelag und Hecken aus Hainbuche wurden Fenster geschnitten. Ein stilisiertes *parterre à la française* nahe dem Haus besteht aus geschwungenem, beschnittenem Buchs und aufstrebenden italienischen Zypressen. Der lange Teich dahinter wird von kuppelförmig beschnittenem Buchs in toskanischen Terracottakübeln gesäumt.

Der Garten zelebriert das Ornament und ist voller lebendiger Anspielungen auf die Formensprache der formalen Gärten. Er wird nahezu perfekt gepflegt, hat damit aber etwas von einem Heiligtum, in dem man sich nur mit gedämpfter Stimme zu unterhalten wagt.

Eibensäulen und Bögen aus Hainbuche schaffen eine verwirrende Aura von Formalität.

11 Gaillac: Parc de Foucaud

22 km westlich von Albi, über die N88, in der Ortsmitte

ganzjährig, tägl., 7–19

Weitere Informationen:
Avenue Dom-Vaysette,
81600 Gaillac
Tel.: 05 63 57 18 25
Fax: 05 63 57 33 45

Sehenswertes in der Nähe:
Albi (Cathédrale de Sainte-Cécile, Musée Toulouse-Lautrec); Toulouse (Altstadt, Basilika Saint-Sernin, Musée des Augustins)

Gaillac ist ein hübsches Städtchen am Rande eines Weinbaugebietes, wo Schaum- und Rotweine erzeugt werden. Das Château de Foucaud aus dem 17. Jahrhundert wurde aus den hier allseits verwendeten, hellen, rosabraunen Ziegeln erbaut. Auf den ersten Blick scheint der Garten nur ein normaler öffentlicher Park ohne Besonderheiten vor einer sehr nüchternen Schloßfassade zu sein. Auf der anderen Seite des Hauses herrscht jedoch eine gänzlich andere Stimmung. Eine kunstvolle Doppeltreppe führt von einem verzierten Tor auf dem *piano nobile* zu einem terrassierten Garten hinab. In einem quadratischen Parterre liegen ein runder Teich und ein Springbrunnen, zu Säulen beschnittene Spindelsträucher und Buchs sowie Beete mit Sommerblumen. In einer Ecke steht ein wunderschönes Sommerhaus mit kräftigen Säulen an den Ecken und einem Ziegeldach in geschwungener Glockenform. Auf dem Gesims tummeln sich merkwürdige fischschwänzige Menschen aus Terracotta. Obwohl das Innere zerstört wurde, erkennt man noch die Überreste einer attraktiven Dekoration mit kunstvoll gewölbten Ecknischen, die von Gipsmuscheln gekrönt werden.

Auf einer Seite des Sommerhauses liegt ein muschelförmiges Becken mit steinernem Gesims und einer Insel, die mit außerordentlichem, mindestens 8 m hohem Bambus bepflanzt wurde. Ein kunstvolles System versorgt den Garten mit Wasser. Es entspringt aus einem Zierteich zu Füßen der Treppe, wird zu zwei halbrunden Becken mit grotesken Masken geleitet und fließt dann weiter durch zwei schmale Rinnen zu beiden Seiten des Parterres. Die Anlage hat das Flair südlichen Überflusses, ganz anders als die steife Vorderseite. Das Schloß wurde sorgfältig restauriert und beherbergt ein Museum für Kunst und Geschichte der Region.

Das Sommerhaus des 17. Jahrhunderts sieht wie ein Miniaturbergfried aus.

Apr. bis Sept., tägl., 9–20; Okt. bis März, tägl., 9.30–18.30

Weitere Informationen:
44190 Gétigné-Clisson
Tel.: 02 40 54 75 85
Fax: 02 40 03 99 22

Sehenswertes in der Nähe:
Nantes (Schloß, Musée des Beaux-Arts)

12

Domaine de La Garenne Lemot

30 km südöstlich von Nantes, südöstlich von Clisson

Nur wenige Gärten Frankreichs zeigen den pittoresken Stil in seiner Hochblüte so deutlich wie La Garenne Lemot, und wenige sind so geschichtsträchtig. Die nahe Stadt Clisson wurde 1793 im Krieg gegen die Republikaner fast völlig zerstört. Frédéric Lemot, ein Bildhauer, der in Rom gearbeitet hatte, liebte die Schönheiten der Campagna. Er verliebte sich in das Tal der Sèvre und kaufte sich zu Beginn des 19. Jahrhunderts ein Wäldchen an ihrem Ufer. Zusammen mit gleichgesinnten Künstlern und Architekten baute er Clisson in der Art einer italienischen Szene wieder auf – noch heute hat sich die Stadt ihren italienischen Charakter bewahrt.

Lemot baute sich in La Garenne ein Haus und legte einen prächtigen Garten an, der inzwischen restauriert wurde. Man würdigt ihn am besten von der halbrunden Aussichtsterrasse hinter dem Haus. Hier fällt das felsige Gelände steil zum Fluß ab. Rechts, jenseits des Flusses, sind die Ruinen einer mittelalterlichen Burg und die Ziegeldächer von Clisson zu sehen. Auf einem bewaldeten Hang sieht man den klassischen Tempel der Freundschaft, in dem Lemot 1827 beerdigt wurde. Die Mischung aus edler klassischer Architektur und bewaldeten Felsen ist der Inbegriff des Pittoresken.

Der Besucher wendet sich nun zum Haus zurück und geht zum Rondpoint de Diane; von hier führt ein Weg zum Fluß. An dessen Ufer liegt der Tempel der Vesta – inspiriert von dem römischen Original im Tivoli –, ein rundes Gebäude mit Säulen über Felsblöcken, die zum Fluß abfallen. Wer Spaziergänge mag, kann bis zum Fluß hinabgehen, wo ein friedvoller Weg unter Baumkronen entlang führt. Hier findet man weitere Denkmäler, darunter ein altes Grab mit der Inschrift „Et in Arcadia Ego“ und den Felsen zu Ehren von Rousseau, dessen Ideen den Gartenstil inspiriert haben – vor allem seine Vision verträumter Spaziergänge durch die Schönheiten der Natur, die von Menschenhand zurückhaltend gestaltet wurde.

Der Tempel der Vesta auf einer Felsklippe über der Sèvre.

13 *Château de Hautefort*

45 km östlich von Périgueux, über die D5

Der Blick auf Hauteford ist unvergeßlich. Es erhebt sich oberhalb eines kleinen Bergdorfes, darunter breitet sich die Ebene aus. Obwohl das Schloß auf das Mittelalter zurückgeht, stammt es im wesentlichen aus dem 17. Jahrhundert 1929 kam es in den Besitz von Baron Henry de Bastard, dem wir seine Restauration und den formalen Garten verdanken.

Ein gewundener Weg führt den Besucher bis zu den Wehrmauern, an die sich der Garten anschmiegt. Formale Hecken und in Form geschnittener Buchs und Eiben bilden mit ihren einfachen Formen und lebendigen Mustern einen hübschen Rahmen für die Befestigungsanlagen. Direkt vor der Brücke, die zum Schloß führt, liegen zwei prachtvolle, moderne Parterres in Dreiecksmustern, deren langgestreckte Formen aus kontrastierendem silbernem und normalem Buchs sehr prunkvoll aussehen. Den Eingang zum ersten Schloßhof bildet ein monumentales Parterre aus Buchshecken, gänzlich ohne Blumen.

Parterres mit einfarbigen oder farblich abgestimmten Blumen zwischen den Hecken umhüllen die Schloßmauern. Eines besteht aus verschlungenen Buchshecken mit Kegeln und Kuppeln, die zu unterschiedlichen Höhen beschnitten wurden – manche aus silbern panaschiertem Buchs. Bei meinem letzten Besuch war eine der Abteilungen mit Zwergcannas mit limonengelben Blüten bepflanzt. Beim Gang um das Schloß ergeben sich immer wieder neue, fesselnde Blicke auf die umgebende Landschaft.

Palmsonntag bis Okt., 9–12 u. 14–19
wie oben

Weitere Informationen:
24390 Hautefort
Tel.: 05 53 50 59 46
Fax: 05 53 50 55 03

Neubelebte Parterres des 20. Jahrhunderts verzieren das Schloß des 17. Jahrhunderts.

14 *Arboretum de la Jonchère*

28 km nordöstl. von Limoges, über die N20 und D914

ganzjährig, tägl., durchgehend

Weitere Informationen:
87340 La Jonchère-Saint-Maurice
Tel.: 05 55 34 53 13

Dieses auf Koniferen spezialisierte Arboretum dürfte nur Baumliebhaber interessieren. Es liegt nicht weit von Mont-Méry (siehe S. 120) entfernt und kann im gleichen Zug besichtigt werden. Es wurde 1855 von Henri Gérardin als Baumschule gegründet, von André Laurent gestaltet und später aufgegeben. Schließlich gelangte es in Besitz des Office National de Forêts und wurde zum Arboretum. Relativ hohe Niederschläge und heiße Sommer gewährleisten rasches Wachstum.

Daß es einem natürlichen Wald ähnelt, macht seinen besonderen Charme aus. Die Pflanzen sind gut beschriftet, viele liegen allerdings versteckt – je genauer man hinsieht, desto mehr entdeckt man. Unauffällige Wege führen den Hügel hinauf, wo der Besucher mit einem prachtvollen Hain aus *Sequoia sempervirens* belohnt wird. Einige Exemplare, wie eine prachtvolle Hemlocktanne (*Tsuga heterophylla*), stammen noch aus Gérardins Zeit. Die Tanne wurde 1890 gepflanzt und hat nun eine majestätische Größe erreicht – sie ähnelt einem gewaltigen Weihnachtsbaum. Eine schöne japanische Schirmtanne (*Sciadopitys verticillata*) besitzt einen außerordentlich knorrigen Stamm. An warmen Sommertagen duftet dieser Koniferendschungel angenehm nach Harz.

Inmitten des Arboretums liegt ein verborgener See.

15 *Limoges: Jardin de l'Evêché und Jardin Botanique*

In der Stadtmitte, bei der Kathedrale

ganzjährig, tägl., ab 8 durchgehend

Weitere Informationen:
Place de la Cathédrale,
87031 Limoges Cédex
Tel.: 05 55 45 62 67
Fax: 05 55 45 64 37

Sehenswertes in der Nähe:
Musée de Porcelaines

Hier liegen zwei Gärten direkt nebeneinander: der Jardin de l'Evêché, ein formaler Garten vor dem ehemaligen Bischofspalast, und gleich daneben ein botanischer Garten.

Der Palast, ein bemerkenswerter Bau des 18. Jahrhunderts, enthält heute ein Museum für Limoger Emaille und Porzellan. Vor seiner Südfassade liegt eine Terrasse mit einem doppelten Rasenparterre, das von prachtvollen Beeten mit Einjährigen gesäumt wird. Die Bepflanzung ist locker, hohe Spinnenblumen und Fuchsien erheben sich über kleineren Pflanzen. Eine Bastion am Ende überblickt eine tiefere Terrasse mit geschwungenen Mustern aus kurz geschnittenem Gras.

Seitlich davon liegt der Jardin Botanique, der erste Teil (systematische Beete) dekorativ unter den Stützpfeilern des südlichen Kirchenchores. Auf einer tieferen Ebene wurden Pflanzen thematisch nach bestimmten Kriterien gruppiert: Giftpflanzen, Nutzpflanzen, Heilkräuter usw. Dieser Teil des Gartens ist formal geplant; ein breiter Mittelweg mit rechteckigen Teichbecken wird von Obelisken aus beschnittenen Eiben gesäumt. Die Pflanzen wachsen seitlich in symmetrischen Beeten. Der letzte Teil des botanischen Gartens ist für Pflanzen des Limousin reserviert, hier schlängeln sich Wege durch naturnahe Pflanzungen. Der Garten ist gut gepflegt und lohnt einen Besuch.

16 *Luçon: Jardin Dumaine*

49 km östlich von Les Sables-d'Olonne, über die D949; Ortsmitte, beim Rathaus

ganzjährig, tägl., 8–19

Weitere Informationen:
3, Rue de l'Hôtel-de-Ville,
85400 Luçon
Tel.: 02 51 56 36 52
Fax: 02 51 56 03 56

Luçon ist ein verschlafenes Städtchen mit einem ungewöhnlich lebendigen öffentlichen Garten. Den Eingang zieren prachtvolle, teppichartige Beete: Eine Büste von Henri Dumaine erhebt sich aus einem hügelartigen Beet mit einem virtuos verschlungenen Muster aus Fetthenne und Wolken von Springkraut. Im ersten Abschnitt des eigentlichen Gartens findet man einen Seerosenteich mit einem prachtvollen Brunnen, in dem Nymphen und Cherubine eine Schale tragen, während Frösche im Becken zu ihren Füßen Wasser speien. Um den Teich stehen Palmen in Versailles-Kübeln, und wunderschöne, ultramarinblaue Urnen auf Plinthen wurden mit Pelargonien bepflanzt. Eine luftige Orchesterlaube aus Schmiedeeisen wird von einer filigranen Laterne gekrönt; die Beete harmonieren mit dem fröhlichen Geist der Architektur.

In der Parkmitte, in einem kühlen Wäldchen, liegt ein See mit einem spektakulären, einzelnen Springbrunnen und einer Grotte. Dahinter, im prachtvoll grünen Grande Pelouse, findet man außergewöhnliche Gartenskulpturen. Eine Giraffe aus *Helichrysum petiolare* erhebt sich über einem Beet aus rotem Springkraut, während zu ihren Füßen ein vielästiger Kaktus überrascht. Ein Motiv aus den Fabeln von La Fontaine – der Fuchs und die Trauben – wird aus vielen Pflanzen nachgezeichnet. Andernorts springt ein Pferd in die Höhe, und ein Wildschwein wühlt im Boden. Alles wurde unwiderstehlich prunkend angelegt – Kitsch im positiven Sinne. Verpassen Sie auf dem Weg zurück nicht die merkwürdigen Überreste des *théâtre de verdure*, das sich aus einer vergangenen Zeit hierher verirrt zu haben scheint. Der ganze Garten ist wunderbar gepflegt, sehr zur Freude der Bürger von Luçon.

Eine luftige, filigrane Orchesterlaube und offenherzige Beete.

17 Lyon: Parc de la Tête d'Or

Nordöstlich der Stadtmitte

Apr. bis Sept., tägl., 6–23; Okt. bis März, tägl., 6–21; Jardin Botanique: 7.30–11.30 u. 13–18 im Sommer; 8–11.30 u. 13–17 im Winter

Weitere Informationen:
Place Leclerc, 69459 Lyon
Tel.: 04 78 89 53 52
Fax: 04 78 89 15 90

Sehenswertes in der Nähe:
Altstadt von Lyon; Musée des Tissus

Der am Ufer der Rhone liegende Parc de la Tête d'Or ist dieser faszinierenden, attraktiven Stadt durchaus würdig. Er erstreckt sich über 1000 ha und ist nicht nur landschaftlich, sondern auch gärtnerisch interessant.

Der Park wurde 1856 von den Brüdern Denis und Eugène Bühler angelegt, die auch den riesigen, gewundenen See schufen, der von der Rhone gespeist wird. Vor allem Bäume gedeihen auf dem nährstoffreichen Schwemmland prächtig. Die Bühlers pflanzten Baumgruppen, denen der Park viel von seiner Schönheit verdankt. Auf dem flachen Gelände – bis auf den tiefer liegenden See – beleben sie mit unterschiedlichen Höhen und Charakteren die Szene. Die Lyoneser lieben ihren Park mit den gewundenen Wegen unter schattigen Bäumen vor allem im Sommer.

Der hervorragende botanische Garten ist eine weitere Attraktion. Der alte, im Jahr 1793 gegründete botanische Garten wurde in den Parc de la Tête d'Or verlegt. Hier findet man 8000 winterharte und über 5000 tropische Pflanzen in Gewächshäusern. Für Spezialisten ist die Sammlung tropischer Pflanzen mit Bromelien, Kakteen, Epiphyten, Farnen und Orchideen ein Muß. Unter den winterharten Pflanzen sind einige Sammlungen von besonderer Bedeutung für Gärtner.

Im Fruchtgarten wachsen 350 Sorten Obstbäume, es gibt 300 Sorten Pfingstrosen und ein exzellentes Alpinum mit großer Auswahl. Die Rosen sind von lokalem Interesse.

Makellose Beetpflanzen umgeben die Skulptur eines Zentauren (19. Jahrhundert).

Im 19. Jahrhundert war Frankreich und vor allem Lyon führend in der Rosenzucht. Etwa 130 Arten zeigen das ‚Rohmaterial' der Züchter, und die mehr als 350 Sorten sind faszinierend. Lyon besaß führende Rosenzüchter, und viele der gezeigten Rosen stammen von hier. Die berühmte Gärtnerei Pernet-Duchet, die 1881 von zwei Familien bekannter Rosenzüchter gegründet wurde, führte u. a. 'Cécile Brünner' und 'Madame Caroline Testout' ein. Neben diesen Besonderheiten überzeugt der Parc de la Tête d'Or auch durch sorgfältige Zierpflanzungen und dekorativen Überfluß.

18 Château de Malle

3 km nordwestlich von Langon, über Nebenstraßen

Viele Schlösser des Bordelais sind von geringem architektonischem Wert. Malle, ein prächtiges Schloß des 17. Jahrhunderts aus hellem Stein mit Skulpturen und zwei Rundtürmen, bildet eine Ausnahme. Man geht durch das Haus, geradewegs durch eine Halle, in den Garten.

Zwischen Rasen führt ein gerader Weg zu einer Treppe und von dort zu einer langen Grasterrasse parallel zum Schloß. Entlang des Weges stehen Steinfiguren auf hohen Plinthen vor düsteren Bäumen. Die Loggia an einem Ende der Terrasse ist mit grotesken Masken und Figuren aus der Commedia dell'Arte verziert. Am anderen Ende steht eine Balustrade mit Blick auf die Weinberge. Ein schattiger Hain hinter der Terrasse mit einem zentralen Weg, der auf das Haus ausgerichtet ist, ist mit Urnen auf Piedestalen verziert und endet mit einer attraktiven *trompe l'oeil*-Tür in der Mauer. Der ganze Garten entstammt dem 18. Jahrhundert; ein zeitgenössischer Plan zeigt die Anlage genauso wie heute.

In Malle werden hervorragende Sauternes und Rotweine gekeltert, die man im Schloß erwerben kann. Auf dem Weg zurück zum Parkplatz passiert man Weinstöcke, die von gelben Rosen umgeben sind. Diese Rosen sind häufig in den Weingärten des Bordelais anzutreffen. Das hat folgende Bewandtnis: Da sie rascher von Mehltau befallen werden als Wein, fungieren sie als eine Art „Frühwarnsystem".

Apr. bis Okt., tägl., 10–12 u. 14–18

Weitere Informationen:
33210 Preignac
Tel.: 05 56 62 36 86
Fax: 05 56 76 82 40

Sehenswertes in der Nähe:
Bordeaux (Altstadt; Musée des Beaux-Arts); Weinberge des Bordelais

Von oben wird die klassische Harmonie des Gartens besonders deutlich.

19 Château de Merville

In Merville, 20 km nordwestlich von Toulouse, über die D2 und Nebenstraßen

Dieser wunderschöne, ungewöhnliche Besitz wurde kürzlich restauriert. Hier haben Besucher die seltene Möglichkeit, ein einzigartiges Schloß mit Garten zu besichtigen. Das heutige Schloß, zwischen 1743 und 1759 erbaut, liegt auf sehr altem Adelsbesitz. Das liebenswerte Landschloß wurde für den Marquis de Chalvet-Rochemonteix nach seinen eigenen Plänen erbaut. Er entwarf auch den Plan des Gartens. Seine Nachkommen, die Beaumonts du Repaires, leben noch heute auf dem Anwesen.

Der Marquis ließ sich von den französischen formalen Gärten des 17. Jahrhunderts inspirieren. Er schuf einen formalen Waldgarten mit einem komplizierten Muster aus buchsgesäumten Wegen, hinter denen Eichenhaine liegen. Kunstvoll geplante Alleen winden sich durch den Wald; manche enden im Nichts, andere führen zu einem *salle de verdure* (*Salle de Bal*) oder zu dem Grand Rond Point. Letzte-

Ostern bis Okt., So., Mo., Schulferien u. Himmelfahrt, 14–19; Gruppen (mind. 15 Teilnehmer) nach Vereinbarung auch zu anderen Zeiten
wie oben

Weitere Informationen:
31330 Merville
Tel.: 05 61 85 67 46
Fax: 05 62 13 77 21

Sehenswertes in der Nähe:
Toulouse (Basilika Saint-Sernin, Musée des Augustins)

rer ist ein großer, runder, leicht konkaver Rasenplatz mit einem Teich in der Mitte. Auf beiden Seiten führen Stufen zu einem Grasweg, der auf einer Seite von zwei prächtigen Pinien flankiert wird.

Blumenliebhaber werden in Merville nicht auf ihre Kosten kommen; wer jedoch die Nüchternheit eines formalen Gartens mit Hekken, Rasen und Bäumen schätzt, wird Merville wunderbar finden.

20 Parc de Mont-Méry

15. März bis 15. Nov., So. u. Schulferien, 14–18; im Juni auch Sa. geöffnet, 10–18

Weitere Informationen:
87240 Ambazac
Tel.: 05 55 56 60 01

Sehenswertes in der Nähe:
Limoges (Musée A. Dubouché)

Ein amerikanisches Haus mit amerikanischen Bäumen mitten in Frankreich.

30 km nordöstlich von Limoges, über die N20 und D914, am Rand von Ambazac

Mont-Méry geht auf Theodore Haviland zurück, dessen Vater David 1842 aus Amerika nach Limoges kam. Er gründete eine Porzellanfabrik, die noch heute zu den bekanntesten in Frankreich gehört. Haviland beauftragte die damals besten amerikanischen Architekten (McKim, Mead & White) mit dem Bau eines Hauses, das sich in einen Landschaftsgarten des größten amerikanischen Landschaftsgestalters, Frederick Law Olmsted – er entwarf den Central Park in New York –, einfügen sollte. Obwohl Mont-Méry heute recht ungepflegt wirkt, gehört es zu den besten Landschaftsgärten des 19. Jahrhunderts in Frankreich und bleibt im Gedächtnis haften.

Das Haus ist in eklektischem Stil gehalten; es wurde mit zahllosen Details verziert, darunter türkisblauen Kacheln in einer Loggia und einer Reihe von Steinkapitellen, die die Herstellung von Porzellan zeigen. Es blickt von einer Anhöhe über den Park – eine Aussichtsterrasse auf einer Seite des Hauses wird von wunderschönen Silberlinden (*Tilia tomentosa*) beschattet. Überall im Park findet man schöne amerikanische Bäume: verteilte Blumenhartriegel (*Cornus florida*) im unteren Park, eine mächtige *Magnolia macrophylla* nördlich des Hauses, mehrere Berglorbeeren (*Kalmia latifolia*) und prächtige Exemplare von *Sequoiadendron giganteum*. Die dekorativen Details überall im Garten überzeugen: eine Allee alter *Pieris formosa* und Rhododendren, deren Zweige einen Tunnel bilden, führt zum Haus hinauf. Am Eingang zum Park, vor einem gegiebelten Hühnerhaus, liegt ein runder Teich mit Springbrunnen.

Die genaue Geschichte von Mont-Méry muß noch geschrieben werden. Hier hat sich mitten im hügeligen Limousin ein ureigener Neuengland-Garten in der Fremde erhalten.

21 *Château de Pizay*

16 km nördlich von Villefranche-sur-Saône, über die N6

ganzjährig, tägl., 9–18

Weitere Informationen:
69220 Saint-Jean-d'Ardières
Tel.: 04 74 66 26 10
Fax: 04 74 69 60 66

Sehenswertes in der Nähe:
Weingüter des Beaujolais und Mâconnais; Bourg-en-Bresse (Eglise de Brou)

Zwischen Villefranche und Mâcon dehnt sich die dicht mit Weingütern bedeckte Ebene des Beaujolais. Pizay liegt im Süden, nahe am Ort Beaujeu, dem die Region ihren Namen verdankt.

Im 17. Jahrhundert gab es in Pizay einen formalen Garten; der heutige Nachfolger verdankt seine Bedeutung allein den bezaubernd in Form geschnittenen Eiben – über rundlichen Kegeln sitzen Scheiben mit abnehmenden Durchmessern. Sie sind bereits aus der Ferne sichtbar. In Pizay wird Wein angebaut, es gibt ein Hotel und ein Restaurant. Nach einem Spaziergang zwischen den Formschnitteiben können Sie hier einen Beaujolais (Morgon) genießen.

22 *Château de la Roche-Courbon*

20 km nordwestlich von Saintes, über die N137

ganzjährig, tägl., 9–12 u. 14–18.30 (im Winter ab 17.30 geschlossen); 25. Dez. u. 1. Jan. geschlossen
16. Juni bis 4. Sept., tägl., 10–12 u. 14.30–18.30; 15. Sept. bis 15. Juni, tägl. außer Di., 10–12 u. 14.30–18.30

Weitere Informationen:
17250 Saint-Porchaire
Tel.: 05 46 95 60 10
Fax: 05 46 95 65 22

Das Schloß aus dem späten 15. Jahrhundert mit zwei massiven Rundtürmen wurde im 17. Jahrhundert vollständig umgebaut. Es blickte auf eine glänzende Geschichte zurück, bis es im späten 18. Jahrhundert durch Heirat von der Familie Courbon an den Comte d'Hédouville überging – er mußte das Schloß auf Druck seiner Gläubiger 1817 verkaufen. Das Schloß blieb unbewohnt und wurde für den Schriftsteller Pierre Loti, der im nahen Rochefort geboren wurde, zum Objekt romantischer Phantasien: „Ich habe die Welt gesehen, aber das Schloß und seine unergründlichen Eichenhaine haben meine Vorstellung beflügelt." Loti machte auf den schlechten Zustand des Schlosses aufmerksam, so daß es 1920 von seinem Freund, dem Industriellen Pierre Chénereau, gekauft wurde. Zu jener Zeit hatte sich der ehemalige kunstvolle formale Garten des 17. Jahrhunderts im Tal des Bruant in einen Sumpf verwandelt, und der Garten war völlig verschwunden. Nach Ideen des 17. Jahrhunderts gestaltete der Landschaftsarchitekt Ferdinand Duprat zwischen 1925 und 1935 den formalen Garten gänzlich neu.

Vor der Südseite des Schlosses liegen einfache Rasenparterres, unterschiedlich gefärbte Kieswege und in Form geschnittene Eiben und Buchs. Dahinter führt ein riesiger, T-förmiger Teich auf eine verzierte Grotte und eine Kaskade zu. Rechts und links davon führen grandiose Treppen zum Wald hinauf. Von oben ist der

Ein wiedererstandener Garten des 17. Jahrhunderts mit Pflanzen des 20. Jahrhunderts.

formale Teich am besten zu sehen. Er spiegelt als *miroir d'eau* die Fassade des Schlosses wider. Man folgt den Hinweisen zu der Grotte und spaziert auf dem Weg zurück durch ein attraktives Wäldchen. Dabei passiert man natürlich aussehende Höhlen – sehr pittoresk, aber wohl niemals Teil der geplanten Gartenlandschaft. Besuchen Sie unbedingt auch das Schloß, denn die prachtvollen Innenräume des 17. Jahrhunderts lassen die Glanzzeit des Besitzes wieder aufleben.

23 Rochefort: Corderie Royale

Im Zentrum der Altstadt von Rochefort

immer

Weitere Informationen:
17300 Rochefort
Tel. und Fax: 05 46 87 59 84

Eigentlich ist der Garten der Corderie Royale gar kein wirklicher Garten. Vielmehr stehen hier in einem Landschaftspark viele wunderbar restaurierte Gebäude des Marinestützpunktes von Ludwig XIV. zu Ehren von ankommenden Seeleuten und Pflanzenjägern mit neuen Schätzen. Der Stützpunkt wurde in den 1660er Jahren am Ufer der Charente, nahe der Mündung, errichtet. Heute dienen die jüngst restaurierten Gebäude kulturellen Zwecken, z. B. dem Centre International de la Mer. In dem Gebäude der Corderie Royale hat man neuerdings eine alte Seilfabrik restauriert.

Ein Weg am feuchten Ufer des Flusses wurde naturnah bepflanzt – Erlen, Eschen, Gräser und Seggen, Schneeball (*Viburnum opulus*), Hasel und Weiden. Zwischen diesen Hainen versteckt sich ein rekonstruiertes Schiffsdeck mit Takelage.

Am Ende der enorm langen, niedrigen Seilfabrik hat man ein neues Labyrinth (Labyrinthe des Batailles Navales) zum Gedenken an alte Seeschlachten eingerichtet.

Ein Gewächshaus mit Begonien erinnert an den Mann, dem sie ihren Namen verdanken: Michel Bégon war im 17. Jahrhundert Gouverneur von Französisch-Kanada und Förderer der Botanik. Er und sein Enkel, der Marquis de la Galissonière, brachten viele nordamerikanische Pflanzen nach Frankreich, von denen einige zu ihren Ehren im Jardin de la Marine angepflanzt werden – z. B. Tulpenbäume (*Liriodendron tulipifera*), Magnolien und Persimone (*Diospyros virginiana*). Auf bewundernswerte Weise bringt diese Bepflanzung Leben in ein ansonsten nüchternes technisches Denkmal.

Die wunderschöne Seilfabrik des 17. Jahrhunderts und eine markante Lindenallee.

24 Tarbes: Jardin Massey

Am Nordrand der Altstadt

Placide Massey, ein wohlhabender Bürger von Tarbes, hinterließ seinen Besitz der Stadt. Heute ist dieser ein öffentlicher Park, der dem Besucher vieles zu bieten hat. Wege mit Tulpenbäumen (*Liriodendron tulipifera*) und Hanfpalmen (*Trachycarpus fortunei*) sorgen für exotisches Flair. Zu den besonderen Bäumen gehören z. B. ein prächtiger *Liquidambar styraciflua* und außergewöhnliche Libanonzedern. Besonders wichtige Exemplare sind mit lateinischem, französischem und ihrem provenzalischen Namen beschriftet.

In einer gekuppelten Orangerie aus Glas und verziertem Metall sind Sammlungen von epiphytischen Orchideen, Baumfarnen, Kakteen, Palmen und anderen empfindlichen Pflanzen untergebracht. Ein heute 50 Jahre alter, außergewöhnlicher *Dasylirion-longissimum*-Kaktus sieht aus wie ein gigantischer Tannenzapfen, aus dem schlanke Sprosse wachsen. Im Garten werden Rebsorten gezeigt, aus denen der köstliche örtliche Rotwein (Madiran) gekeltert wird. Neben großen Namen findet man auch weniger bekannte Sorten wie Servadou, Petit-courbu und Tannat. An heißen Sommertagen ist der Jardin Massey mit seinen gewundenen, sandigen Wegen und den schlängelnden Wasserrinnen ein angenehmer Zufluchtsort.

Okt. bis März, tägl., 8–18; Apr. bis 14. Juni, tägl., 8–20; 15. Juni bis 15. Aug., tägl., 7–21; 16. Aug. bis Sept., tägl., 8–20

Weitere Informationen:
Place Henri-Bordes, 65000 Tarbes
Tel.: 05 62 93 11 74

Sehenswertes in der Nähe:
Pyrenäen

Eine Christopherus-Statue erhebt sich aus einem Dickicht aus Wacholder und Thuja.

Die Gärten

1 Aix-en-Provence: Pavillon de Vendôme
2 Jardin d'Albertas
3 Hyères: Parc St.-Bernard
4 Jardin Alpin du Lautaret
5 Marseille: Parc Borély
6 Menton: Clos du Peyronnet
7 Château de la Mignarde
8 Monaco: Jardin Exotique
9 Nîmes: Jardin de la Fontaine
10 Bambouseraie de Prafrance
11 Villa Ephrussi de Rothschild
12 Villa Thuret
13 Villa Val Rahmeh

Legende

- Autobahnen
- Wichtige Fernstraßen
- (3) Gärten
- Größere Städte
- Kleinere Orte

Gartenreisen

- Südliche Tour: 1, 2, 5, 3
- Östliche Tour: 12, 11, 8, 6, 13

Südost-frankreich

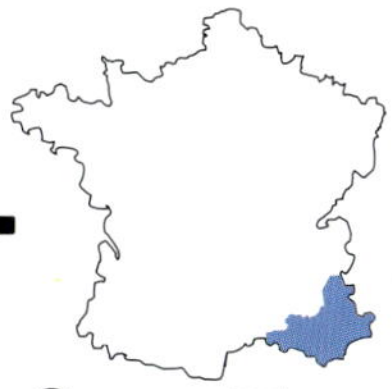

Ohne das milde, warme Klima und den Zauber des Mittelmeeres gäbe es hier wohl keine großartigen Gärten. Das Land ist arm, und die schöne Landschaft eignet sich nicht ohne weiteres für den Gartenbau. Hier gab es niemals große Besitztümer, und der Landadel legte sein Geld nicht in Gärten an. Zwar gibt es einige attraktive historische Gärten wie sonst nirgends in Frankreich, interessanter sind jedoch die Gärten aus jüngerer Zeit.

Die Côte d'Azur wurde im 19. Jahrhundert von den Reichen und Schönen entdeckt und avancierte zum Tummelplatz der Mächtigen. Schon bald entstanden erste Gärten. Die amerikanische Schriftstellerin Edith Wharton legte einen hervorragenden Garten auf Schloß Sainte-Claire, oberhalb von Hyères, an. Der Ort entzückte sie, sie lobte die „unglaubliche Fülle" der Pflanzen und den „Reiz des Abenteuers". Zahllose Gärtner verfielen diesem Reiz und zogen hierher. Viele der besten Gärten gehen auf private

Der Rosengarten im Parc Borély in Marseille.

Eigentümer zurück, sind aber heute im Besitz von Gesellschaften, z. B. die Villa Val Rahmeh (siehe S. 140).

In der Provence reicht die Geschichte einiger Gärten weiter zurück. Der wunderschöne Jardin de la Fontaine in Nîmes (siehe S. 134) entstand im 18. Jahrhundert, hat aber römische Vorläufer. Der Pavillon de Vendôme in Aix-en-Provence (siehe S. 128) steht in einem formalen Garten aus derselben Zeit. Im Jardin d'Albertas (siehe S. 128) und im Garten des Château de la Mignarde (siehe S. 132) spiegelt sich das elegante Landleben des 18. Jahrhunderts wider.

Drei Merkmale machen die Gärten der Côte d'Azur sehenswert: ihre wunderschöne Lage und Form, der Einblick in eine exotische Lebensweise und die ungewöhnliche Vielfalt der verwendeten Pflanzen. Die Villa Ephrussi de Rothschild (siehe S. 136–139) vereint gleich zwei dieser Merkmale in sich. Im Clos du Peyronnet (siehe S. 131) verbinden sich Lage, botanische Kostbarkeiten und eine bemerkenswerte Gartenanlage. In einigen Gärten lassen sich Pflanzen betrachten, die nirgendwo in Frankreich und nur sehr selten anderswo in Europa zu finden sind. In der Villa Thuret (siehe S. 140) wächst ein Dschungel exotischer Raritäten, und der Jardin Exotique in Monaco (siehe S. 133) ist ein stacheliges Paradies für Kaktusliebhaber.

Auch zwei Pflanzensammlungen im Hinterland profitieren von dem Klima. Die Bambouseraie de Prafrance in Anduze (siehe S. 135) zeigt eine einzigartige Bambussammlung. Der alpine Garten von Le Lautaret (siehe S. 130) zwischen den Spitzen der Hautes-Alpes gehört weltweit zu den Gärten mit der schönsten Lage.

Die Formen alter Sukkulenten im Jardin Exotique in Monaco bilden ein dramatisches Schauspiel.

1 Aix-en-Provence: Pavillon de Vendôme

In der Stadtmitte, westlich der Kathedrale

ganzjährig, tägl., 9–12 u. 14–19

Weitere Informationen:
13, Rue de la Molle,
13100 Aix-en-Provence
Tel.: 04 42 21 05 78
Fax: 04 42 23 57 75

Sehenswertes in der Nähe:
Marseille (Basilika Notre-Dame-de-la-Garde, Vieux Port, Musée Grobert-Labadié)

Der Pavillon de Vendôme ist ein exquisites Stadthaus des 17. und 18. Jahrhunderts, dessen formaler Garten perfekt zur Atmosphäre des Hauses paßt. Das Haus aus honigfarbenem Stein wurde 1665 nach Plänen von Antoine Matisse für den Duc de Vendôme – er war auch Kardinal – als Versteck für seine Mätresse (Madame de Rascas) erbaut. Es ist klassisch einfach gehalten, erhält aber durch zwei mächtige Gebälkträgerinnen einen Hauch von Exzentrizität: Sie stützen die Vorhalle über dem Eingang – ihren Gesichtern ist die Last anzusehen. Im 18. Jahrhundert wurde das einstöckige Gebäude um zwei Stockwerke erhöht.

Der Garten entstand zusammen mit dem Haus. Ein Wegekreuz aus Kies mit zentralem Becken und Springbrunnen unterteilt ihn in vier Rasenflächen. Die Wege werden von beschnittenem Buchs und Eiben gesäumt. Am Ende des Mittelweges stehen, halb verborgen unter Bäumen und Sträuchern, schöne Urnen und ein Wassertrog. Zwei elegante, ebenfalls z. T. verborgene Pavillons flankieren das Haus. Hübsche Stufen mit schmiedeeisernen Geländern – auf den Pfosten stehen Urnen – führen in den Garten hinunter. Der ganze Garten liegt versteckt hinter Mauern und ist von Bäumen und Sträuchern umgeben, die an heißen provenzalischen Nachmittagen Schatten spenden. Diese intime Aura erinnert den Besucher an den ursprünglichen Zweck des Gartens.

Die verwirrende Schaufront des Pavillons.

2 Jardin d'Albertas

11 km südlich von Aix-en-Provence, an der N8

Juni bis Aug., tägl., 15–19; Mai, Sept. u. Okt., Sa., So. u. Schulferien, 14–18; Gruppen nach Vereinbarung auch zu anderen Zeiten

Weitere Informationen:
RN 8, 13320 Bouc-Bel-Air
Tel.: 04 42 22 29 77
oder 04 42 24 01 35
Fax: 04 42 22 94 71

Sehenswertes in der Nähe:
Marseille (Basilika Notre-Dame-de-la-Garde, Vieux Port, Musée Grobert-Labadié)

Albertas ist ein reizvolles Gartenfragment, das im 18. Jahrhundert für ein niemals gebautes Schloß angelegt wurde. Die Hauptstraße von Marseille nach Aix-en-Provence zerschneidet das Grundstück leider. Der formale Garten mit markanten Rasenterrassen wird von Statuen und Steinmetzarbeiten verziert. Wasser spielt eine große Rolle: Am Ende der Zufahrt liegen ein hufeisenförmiger Teich und ein *buffet d'eau*, dahinter ein Kanal im Schatten von Platanen. Darauf folgt ein Teich, der von Pilastern in der Form von Gebälkträgerinnen umgeben ist; darüber befinden sich wasserspeiende Tritonen. Zwischen den Beeten eines Parterres führt ein von Geiern bewachter Weg in ein Wäldchen. Hier versteckt sich im Schatten eines Hains eine kopflose Statue. Trotz der Straße hat sich dieser Ort das Flair italienischer Melancholie erhalten.

3 Hyères: Parc St-Bernard

20 km östlich von Toulon, über die N98, auf einem Hügel über Hyères

Charles und Marie-Laure de Noailles waren große Kunstmäzene mit Vorliebe für die Avantgarde; außerdem war Charles ein passionierter und äußerst kenntnisreicher Gärtner. Sie beauftragten den Architekten Robert Mallet-Stevens 1924 mit dem Bau einer modernistischen Villa auf den Hügeln oberhalb von Hyères. Etwas später baten sie den Architekten und Gartengestalter Gabriel Guevrekian, einen Garten für die Villa zu planen. Er legte ein gleichschenkliges Dreieck an, das vom Haus wegwies und streng geometrische, quadratische Beete mit Tulpen, einen kleinen rechteckigen Teich und kräftig gefärbte Mosaiken enthielt. Die Villa und Guevrekians Garten wurden jüngst restauriert. Durch diesen Garten kann man nicht spazieren, man muß ihn von den Fenstern der Villa oder von den Seitenmauern aus betrachten. Obwohl die modernistische Atmosphäre noch immer aufblitzt, hat man ihn nicht genau nach Originalplan restauriert, der weitaus raffinierter war.

Für manche Besucher sind die blumengefüllten Terrassen unterhalb der Villa interessanter. Hier findet man alte Ölbäume, Pinien, große Tuffs aus süß duftendem Heliotrop (*Heliotropium arborescens*), wunderschön gefiederte Blätter von *Melianthus major* und die exotisch ausgebreiteten, blühenden Zweige von *Beschorneria yuccoides*. Obwohl dieser Teil der Côte d'Azur heute stark zersiedelt ist, bekommt man beim Blick über die reiche Zierbepflanzung auf das Mittelmeer einen lebendigen Eindruck, warum diese Region einst die Menschen anzog.

ganzjährig, tägl., 8–18

Weitere Informationen:
83400 Hyères

Sehenswertes in der Nähe:
Marseille (Basilika Notre-Dame-de-la-Garde, Vieux Port, Musée Grobert-Labadié, Musée d'Archéologie Méditerranéenne)

Die Rekonstruktion von Guevrekians überraschendem Avantgarde-Garten.

erster So. im Juni bis erster So. im Sept., tägl., 10–18.30

Weitere Informationen:
Col du Lauteret,
05220 Monetier-les-Bains
Tel.: 04 76 51 46 00
oder 04 76 51 49 40
Fax: 04 76 51 44 63

Sehenswertes in der Nähe:
die majestätische Szenerie der Hautes-Alpes

4 *Jardin Alpin du Lautaret*

30 km nordwestlich von Briançon, über die N91

Ein alpiner Garten, der tatsächlich in den Alpen liegt, ist eine seltene Ausnahme. Hier, in über 2000 m Höhe, in einer spektakulären Alpenlandschaft, kommen Liebhaber alpiner Pflanzen auf ihre Kosten. Die Winter sind mit einer tiefsten Januartemperatur von –9 °C sehr kalt, und starke Winde wehen die Hänge hinab. Dennoch reicht der kurze, heiße Sommer aus, um eine einzigartige Sammlung von Pflanzen in prächtiger Umgebung gedeihen zu lassen. Der Garten wird von Wiesen umgeben, gewundene Wege führen zu Beeten und Teichen, wo die Pflanzen nach ihrer Herkunft zusammengestellt wurden – fast alle Gebirgsregionen der Erde sind hier repräsentiert. Es gibt Sammlungen bestimmter Familien (*Caryophyllaceae*, *Asteraceae* und *Rosaceae*), Gräser, Stauden, Zwiebelpflanzen und die wenigen Bäume, die unter solchen Bedingungen wachsen. Wasser aus einem nahen Gletscher sorgt für Erfrischung.

ganzjährig, tägl., 7–22

Weitere Informationen:
Allée Borély, 13008 Marseille
Tel.: 04 91 55 14 68

Sehenswertes in der Nähe:
Marseille (Basilika Notre-Dame-de-la-Garde, Vieux Port, Musée Grobert-Labadié)

5 *Marseille: Parc Borély*

Im Süden der Stadtmitte

Dieser belebte Garten liegt an bevorzugter Stelle: vor sich das Mittelmeer und dahinter die zerklüfteten Berge. Louis Borély war ein Reeder. Er baute sich 1767 hier ein Schloß, das jedoch später stark verändert wurde. Vor dem Schloß liegt ein formaler *jardin à la francaise* mit Alleen aus Linden mit kugelförmigen Kronen. Der schönste Teil des Gartens wurde im 19. Jahrhundert von Jaques Barillet-Deschamps in lockerem Stil angelegt. Hier findet man viele schöne Bäume, darunter manche Seltenheiten, wie mehrere Exemplare der chinesischen Nußeibe (*Torreya grandis*). Auch gängigere Arten, insbesondere *Platanus orientalis* und ein prächtiger *P.* x *hispanica*, sind zu mächtigen Bäumen herangewachsen. Sehr dekorativ ist ein Rosengarten mit vorwiegend modernen Sorten, die als Hochstämme oder über Tunnel und Bögen wachsen. Eine Grotte und ein Teich von 1860 mit einer Felsenkaskade mit Moos und Farnen wird von einem entzückenden Brunnen vom Künstler J.-M. Folon verziert. Eine würdevolle Bronzefigur steht auf einer Insel; sie streckt eine Hand aus, auf der ein Vogel sitzt und Wasser versprüht.

J.-M. Folons wunderbare Brunnenfigur aus Bronze.

6 Menton: Clos du Peyronnet

Am Ostrand von Menton

Der Clos du Peyronnet liegt auf dem Hang über der Bucht von Garavan, nahe an der italienischen Grenze. Derick und Barbara Waterfield zogen 1915 hierher, und ihr Sohn Humphrey gab dem Garten seine strenge, formale Gestalt mit der bemerkenswerten Bepflanzung. Der jetzige Eigentümer William Waterfield, Humphreys Neffe, hat den Garten um seltene Zwiebelpflanzen bereichert.

Ursprünglich war das Gelände zum Anbau von Zitronen und Oliven terrassiert worden – diese Formen sind noch erkennbar. Vor dem Haus stehen schattige Bäume, und die Steinpfeiler einer Pergola verschwinden unter Glyzinen. Neben dem Haus erstreckt sich ein prachtvoller Wassergarten: Ein langer, kanalartiger Teich verläuft parallel zum Hang, darüber liegen ein unregelmäßiger Teich und Stufen, die den Hang hinaufführen. Eine Pergola zu Füßen der Treppe wurde mit Waldreben, Rosen und Glyzinen bepflanzt. Am oberen Ende führt ein Kiesweg unter Bögen aus italienischen Zypressen zur Rückseite des Hauses. Überall wachsen exotische Blumen und Blätter, so daß der Eindruck eines gebändigten Dschungels entsteht. Dennoch ist der Garten mit großen Kübeln am Ende von Durchblicken und sorgsam arrangierten Sitzplätzen kunstvoll gestaltet. An der Ostseite des Gartens findet man eine Spezialsammlung von Zwiebelpflanzen mit über 200 Arten. Am meisten bleibt jedoch der elegante formale Gartenplan von Humphrey Waterfield im Gedächtnis – aufgelockert durch erstaunliche Üppigkeit und bewacht von wunderschönen alten Ölbäumen als knorrige Erinnerung an die Vergangenheit.

nur nach Vereinbarung für professionelle Gärtner und Studenten der Gartenarchitektur; auch für Gruppen (mind. 20 Personen)

Weitere Informationen:
Avenue Aristide-Briand,
06500 Menton-Garavan
Tel.: 04 93 35 72 15
Fax: 04 93 35 72 25

Sehenswertes in der Nähe:
Altstadt von Menton; La Mortola, Italien (Giardini Hanbury)

Orangefarbene *Strelitzia reginae* säumen einen Teich unter einem alten Ölbaum.

Juni bis Aug., tägl. außer Di., 15–18
wie oben

Weitere Informationen:
Les Pinchinats,
13100 Aix-en-Provence
Tel.: 04 42 96 41 86

Sehenswertes in der Nähe:
Marseille (Basilika Notre-Dame-de-la-Garde, Vieux Port, Musée Grobert-Labadié, Musée d'Archéologie Méditerranéenne)

7 *Château de la Mignarde*

5 km nordöstlich von Aix-en-Provence, über die N96 und D63

Monsieur Mignard war ein erfolgreicher *pâtissier* in Aix-en-Provence. Sein Sohn Sauveur erweiterte den Familienbesitz auf dem Land, er baute das Haus um und legte einen formalen Garten an. Dabei schämte er sich keineswegs der Herkunft des Familienwohlstands – im Garten verzieren Kuchen die Steinmetzarbeiten.
Das lange, niedrige Haus wurde aus warmen, hell-aprikosenfarbenen Steinen der Region erbaut, und der Garten atmet die Atmosphäre eines spontanen Theaterstücks – attraktiv, aber etwas ziellos. Mitten in der tiefen Terrasse vor dem Haus liegt ein langer, rechteckiger Teich. Er wird an beiden Enden von Delphinen und einem Paar Löwen verziert, die Wasser in Tröge speien. An der Rückseite der Terrasse umschließt eine steinerne Exedra einen Teich mit einer Venus; sie balanciert auf dem Schwanz eines Meeresungeheuers und sieht etwas unglücklich aus. Über dem Teich kämpft ein Herkules aus weißem Marmor mit dem Nemeischen Löwen. Treppen mit je einem Paar Whippets an den Seiten führen zu einer tieferen Ebene hinab. Von hier fällt das Gelände leicht zwischen Platanenhainen ab. Locker verteilte Statuen beidseitig der Achse, die vom Haus wegführt, beleben die Szenerie. Ein ovaler Teich schließt den Durchblick ab, dahinter fällt das Land ab. Angeblich gehören die Statuen zu dem ursprünglichen Garten des Architekten Nicholas Ledoux, wurden aber später locker umarrangiert. Auf jeden Fall erzeugt der Garten eine angenehme Stimmung von Melancholie.

Im Schatten alter Platanen stehen schöne Statuen.

8 Monaco: Jardin Exotique

In Monaco, etwas westlich des Stadtzentrums

Prinz Albert I. gründete den Jardin Exotique 1914, um die Pflanzen aufzunehmen, die er seit 1899 gesammelt hatte. Als Standort wählte er eine dramatische, hohe Klippe oberhalb des fürstlichen Palastes. Der Garten enthält vorwiegend Sukkulenten – eine der größten Sammlungen der Welt. Für den Kakteenliebhaber ist der Garten eine Offenbarung, nicht nur wegen der riesigen Zahl von Arten und ihrer peinlich genauen Beschriftung, sondern auch wegen der Qualität der Pflanzen – manche Kakteen sind mehr als 100 Jahre alt und wurden bereits als ausgewachsene Exemplare von Prinz Albert erworben. Für normale Gärtner besitzt der Ort eine fast surreale Schönheit. Wege ziehen sich im Zickzack die steilen Klippen hinab, führen durch phantastische Kakteencanyons, wobei der Besucher zuweilen unter die mächtigen stacheligen Arme einer besonders ehrwürdigen Art gerät.

Der Garten dient zwar vorwiegend als botanische Sammlung, ist aber auch attraktiv angelegt: gut ausgesuchte Pflanzengruppen mit kontrastierenden Farben, Blättern, Blüten oder Wuchsformen. Von unten ergeben sich herrliche Blicke auf den Hang mit den Pflanzen. Der Garten wird sehr gut gepflegt und ist vor allem im Winter, wenn viele Arten blühen, äußerst attraktiv. Auch ohne Blüten kommen einige besonders alte Exemplare zur Geltung, etwa *Nolina recurvata* mit einer knorrigen Borke, die an die Haut prähistorischer Tiere erinnert.

15. Mai bis 15. Sept., tägl., 9–19; 16. Sept. bis 14. Mai, tägl., 9–13 (19. Nov. u. 25. Dez. geschlossen)

Weitere Informationen:
Boulevard du Jardin-Exotique,
MC-98002 Monaco Cédex
Tel.: 377 93 30 33 65
Fax: 377 93 30 60 74

Sehenswertes in der Nähe:
La Mortola, Italien (Giardini Hanbury)

Eine Schlucht mit exotischen, jahrhundertealten Sukkulenten.

9 *Nîmes: Jardin de la Fontaine*

In der Stadtmitte, nordwestlich des Maison Carrée

Apr. bis Mai, tägl., 7–22; Juni bis 15. Sept., tägl., 7–23; 16. Sept. bis Okt., tägl., 8–21; Nov. bis März, tägl., 8–20

Weitere Informationen:
Quai de la Fontaine,
30000 Nîmes
Tel.: 04 66 36 01 36
Fax: 04 66 67 37 25

Sehenswertes in der Nähe:
Nîmes (Maison Carrée, römische Arena); Montpellier (Altstadt, Musée Fabre); Parc Régional de Camargue; Pont-du-Gard (römisches Aquädukt)

Dieser unvergeßliche Garten gehört zu den schönsten öffentlichen Gärten in Frankreich. Nîmes war eine wichtige römische Stadt und besitzt noch einige Gebäude aus jener Zeit: einen exquisiten Tempel (Maison Carrée) und ein weites Amphitheater – beide stammen etwa aus dem 1. Jahrhundert n. Chr. Auch der Garten geht auf die Römer zurück, die an seiner Quelle Bäder einrichteten; ihre Heilkraft war im ganzen Reich berühmt. Der heutige, teilweise ruinöse Tempel der Diana ist wahrscheinlich ein Überrest eines römischen Nymphäums.

Sein heutiges Aussehen erhielt der Garten um 1740, als er von dem Ingenieur Jean-Philippe Maréchal neu gestaltet wurde. Aus seiner Zeit stammen die prächtigen Eisengeländer im unteren Teil des Gartens. Er baute auch den langen, eleganten Kanal, der den Garten geschickt mit der Stadt verbindet. Das Mittelstück des Gartens bildet ein riesiger, quadratischer Teich, der von Balustraden umgeben ist. In seiner Mitte liegt eine quadratische Insel. Putten an den Ecken stützen reich verzierte, große Vasen, und in der Mitte gießt eine Statue (die Nymphe des Frühlings) Wasser aus ihrer Urne. Zu ihren Füßen hüpfen Putten herum.

Die Nymphe des Frühlings in der Mitte einer von Balustraden umgebenen Insel.

Die Linden- und Platanenhaine beidseitig des Teiches werden durch Statuen und Urnen bereichert. Hinter dem Teich steigt das Gelände an; eine gigantische Doppeltreppe führt zu einer balustradenverzierten Terrasse zu Füßen eines bewaldeten Hügels. Hier am Mont Cavalier (1815 landschaftlich gestaltet) entsprang die Quelle. Wege führen bis auf die Hügelkuppe zu den Resten des römischen Tour Magne. Auf dem Weg den Hügel hinab taucht der Garten immer wieder zwischen den Zweigen auf. Von oben wird die gesamte Anlage in der eleganten Logik des 17. Jahrhunderts deutlich.

Die Schriftstellerin Colette liebte den Garten besonders: „Elysisches Refugium ... oh zauberhafter Garten und wunderbares Schweigen, wo man nur das leise Plätschern des grünen, stetigen Wassers hört, durchsichtig und dunkel, blau und brillant wie ein bunter Drachen."

10 *Bambouseraie de Prafrance*

13 km südwestlich von Alès, über die N110 und D910

Die Berge der Cévennen, die im Nordwesten aufragen, lassen die Gegend dramatisch erscheinen. Der Garten begann 1850 als Sammlung winterharter Bambusarten in einer Landschaft mit asiatischen Bäumen und Sträuchern.

Er ist aus zwei Gründen interessant: Er zeigt fast 200 Arten und Sorten Bambus, außerdem sind Teile des Gartens, insbesondere jene mit Dschungeln aus Riesenbambus und hervorragenden Wassergärten, von bemerkenswertem Charakter. Er gehört zu einer Baumschule, in der Bambus direkt oder per Post verkauft wird – manchmal in 350 Liter fassenden Kübeln! In Anduze wird auch Keramik hergestellt, und in Les Enfants-de-Boisset, das die Gärten von Versailles im 17. Jahrhundert mit Kübeln belieferte, können Sie die wunderschön glasierten *pots d'Anduze* kaufen.

März bis Dez., tägl., 9.30–12 u. 14–19; Jan. bis Feb., tägl. außer Mo. u. Di., 9.30–12 u. 14–19

Weitere Informationen:
30140 Anduze
Tel.: 04 66 61 70 47
oder 04 66 61 71 29
Fax: 04 66 61 64 15

Sehenswertes in der Nähe:
Töpfereien von Anduze; Nîmes (Maison Carrée, römische Arena); Berge der Cévennen

Dschungel aus säulenförmigem Bambus.

11 *Villa Ephrussi de Rothschild*

8 km östlich von Nizza, über die N98

15. März bis 1. Nov., tägl., 10–18 (Juli u. Aug. bis 19.00); 2. Nov. bis 14. Feb., Sa., So. u. Schulferien, 10–18 (25. Dez. geschlossen)

wie oben

Weitere Informationen:
Avenue E.-de-Rothschild,
06230 Saint-Jean-Cap-Ferrat
Tel.: 04 93 01 45 90
Fax: 04 93 01 31 10

Sehenswertes in der Nähe:
Altstadt von Nizza; La Mortola, Italien (Giardini Hanbury)

Die Halbinsel Saint-Jean-Cap-Ferrat zwischen Nizza und Monaco gehört zu den beliebtesten Regionen der Côte d'Azur. Hier kaufte sich König Leopold II. von Belgien 1895 ein Grundstück und erbaute nach und nach den größten Besitz auf der Halbinsel. Nach seinem Tod wurde die Villa Les Cèdres an Monsieur Marnier-Lapostolle verkauft, der darauf einen der schönsten botanischen Gärten der Côte d'Azur anlegte. 1905 kaufte Beatrix de Rothschild dem König ein Nachbargrundstück in wahrscheinlich noch besserer Lage vor der Nase weg. Sie war auf dem Château de Ferrières östlich von Paris aufgewachsen, dessen prächtiger Garten von Sir John Paxton stammte.

Im Spanischen Garten säumen Stechäpfel einen Kanal vor einer klassischen Loggia.

Ein Pavillon im Florentiner Garten mit modernen Strauchrosen.

Beatrix de Rothschild legte großen Wert auf die Gestaltung ihres Palazzinos.

Der Liebestempel nach dem Vorbild im Petit Trianon in Versailles.

Der sonnige, südliche Aspekt des Gartens ist der Inbegriff mediterraner Lebensart.

Das Grundstück der Rothschilds hat eine wunderbare Lage an der engsten Stelle der Landzunge, hoch auf dem Kamm, mit Blicken auf Villefranche im Westen und Beaulieu im Osten. Hier gab Beatrix de Rothschild eine luxuriöse italienische Villa – ihren Palazzino – in Auftrag. Sie beteiligte sich selbst an den Entwürfen von Aaron Messiah, dem französischen Partner von Harold Peto, einem englischen Architekten und Gartengestalter. Der Bau dauerte sieben Jahre und wurde ursprünglich Villa Ile-de-France genannt – nach dem berühmten Ozeandampfer, auf dem Beatrix de Rothschild eine Kreuzfahrt gemacht hatte.

Vor der Südfassade des Schlosses wurde der felsige Grund eingeebnet und ein formaler Garten angelegt. In dessen Mitte liegt ein achteckiger Seerosenteich, der über einen Kanal mit einer Kaskade verbunden ist, die am Ende des Gartens vor einer Rotunde entspringt. Diese Rotunde mit Kuppeldach, korinthischen Säulen und einer Venusfigur wurde nach dem Vorbild des Liebestempels im Petit Trianon in Versailles (siehe S. 86) erbaut. Teich und Kanal bilden eine starke Achse, um die Rasen, längliche Beete, Palmen und beschnittene Zitrusbäume angeordnet sind. Andere Stellen im Garten wurden nationalen Themen gewidmet: ein spanischer Garten mit einer Loggia, einem Kanal und prächtigen Stechäpfeln; ein italienischer Garten mit einer doppelten, geschwungenen Treppe; und ein japanischer Garten mit einem Tempel aus glasierten Ziegeln. Von überall ergeben sich herrliche Blicke auf das Meer.

Besichtigen Sie auf jeden Fall auch die Villa. Das leichte, luftige Innere ist, mit passenden Bildern und Ornamenten, nach bestem französischen Geschmack des 18. Jahrhunderts eingerichtet. Ein Blick aus den Fenstern zeigt die enge Verflechtung von Haus und Garten. Das ganze, höchst gepflegte Anwesen zeigt den glorreichen und unwiderstehlichen *goût Rothschild*. „Die Mischung ist beschwingt – lockeres Gebäck", beschrieb es Miriam Rothschild, eine englische Cousine, treffend.

Die eleganten rosa Mauern der Villa kontrastieren mit den exotischen Bäumen und Pflanzen.

Gegenseite:
Die felsigen Hänge des Cap mit Blick auf das Mittelmeer.

12 Villa Thuret

Zwischen Cannes und Nizza, auf dem Cap d'Antibes

ganzjährig, tägl. außer Sa., So. u. Schulferien, 8–17.30

Weitere Informationen:
62, Boulevard du Cap,
06606 Antibes
Tel.: 04 93 67 88 66
Fax: 04 93 67 88 25

Sehenswertes in der Nähe:
Altstadt von Nizza

Hier lebte Gustave Thuret, ein Botaniker und Spezialist für Tange, der während 20 Jahren eine Sammlung seltener Pflanzen zusammentrug – z. B. die ersten Eukalyptusbäume der Côte d'Azur. Die große Zahl empfindlicher Holzpflanzen ist für Gärtner von besonderem Interesse; hier wachsen 3000 Arten. Der Garten ist auf mehrere Gruppen spezialisiert: Australische Gattungen der *Myrtaceae*, *Cycadeae* und *Proteaceae* enthalten die exotischsten Arten. Andere Gruppen sind weniger spektakulär, z. B. eine komplette Sammlung aller Zypressenarten. Der Besucher kann durch 4 ha exotischen Dschungel streifen, sieht Pflanzen, die in kaum einer europäischen Sammlung zu finden sind, und atmet dabei den Duft der Eukalyptusbäume ein.

13 Villa Val Rahmeh

Über dem Hafen von Menton-Garavan

Mai bis Sept., tägl., 10–12.30; Okr bis Apr., tägl., 10–112.30 u. 14–17

Weitere Informationen:
Avenue Saint-Jacques,
06500 Menton
Tel.: 04 93 35 86 72
Fax: 04 93 28 89 75

Sehenswertes in der Nähe:
La Mortola, Italien (Giardini Hanbury)

Das Grundstück gehört heute dem Muséum d'Histoire Naturelle und ist damit eine Außenstelle des Jardin des Plantes in Paris. Dies ist jedoch mißverständlich, denn der Wert dieses Gartens ist nicht wissenschaftlicher Natur, sondern liegt in den abgeschlossenen, intimen Bereichen mit üppiger Bepflanzung. In der Tat handelt es sich um einen Englischen Garten im englischsten Teil der Côte d'Azur. Er geht auf den ehemaligen Gouverneur von Malta, Sir Percy Radcliffe, zurück, der hier 1925 ein Haus baute und einen Garten anlegte. Nach seinem Tod übernahm Dr. Campbell, ein Arzt der englischen Gemeinde von Menton, den Besitz. Seine Tochter Maybud erbte ihn; ihrer Passion für Pflanzen verdanken wir den heutigen Garten.

Er liegt auf steilem Hang oberhalb des Hafens von Menton-Garavan. Ein gewundener Fahrweg führt zum Haus, gesäumt von Palmen (*Phoenix canariensis*) und darunter gepflanztem mexikanischem Salbei (*Salvia guaranitica*). Eine mit Balustraden umgebene Terrasse vor dem Haus bietet spektakuläre Blicke auf das Meer. Die Terrasse ist als formaler Garten mit Ziegel- und Kieswegen, musterhaften Beeten mit Buchsumrandung und Büscheln von Strelitzien (*Strelitzia reginae*) und *Solanum aviculare* angelegt. Neben diesem einzigen formalen Teil besteht der übrige Garten aus gewundenen Wegen, die sich durch Haine mit exotischen Pflanzen schlängeln. Der Garten ist gut gepflegt, und es ist zu hoffen, daß der jetzige Eigentümer, eine Gesellschaft, seinen Charakter ebenso gut erhält wie ein privater Besitzer.

Das Parterre mit Rosen, Heiligenkraut und Töpfen aus Anduze im italienischen Stil.

Glossar

Arts and Crafts Eine Gruppe von Künstlern und Kunsthandwerkern – darunter John Ruskin und William Morris –, die englische Gartengestalter wie Gertrude Jekyll beeinflußt haben. Sie verwendeten lokale Baumaterialien und lehnten die gewollte Künstlichkeit viktorianischer Beete ab.

Belvedere (ital.) Ziergebäude, von dem aus herrliche Blicke möglich sind.

Berceau (franz.) Eine schattige Laube, häufig mit Sitzplatz, die von Pflanzen umhüllt wird.

Boskett (franz.) Ein formaler Hain, häufig mit dekorativer Lichtung, in der Statuen oder andere Zierelemente aufgestellt wurden.

Buffet d'eau (franz.) Ein beliebtes französisches Wasserspiel des 17. Jahrhunderts; das Wasser fällt über Stufen herab.

Chinoiserie (franz.) Chinesische Mode in der Kunst, besonders beliebt im England und Deutschland des 18. Jahrhunderts; geht auf die Handelsverbindungen mit dem Fernen Osten zurück.

Ehrenhof Der Haupthof eines Schlosses.

Exedra (gr.) Ein offenes Gartengebäude, meist gebogen und mit einer Bank darin.

Jardin à l'anglaise (franz.) Ein Garten mit locker angeordneter Bepflanzung aus Sträuchern, Rasen und Bäumen, der im England des 18. Jahrhunderts sehr beliebt war; wörtlich „Garten in englischem Stil".

Miroir d'eau (franz.) Ein großer, formaler Teich, der als Spiegel angelegt wurde; meist um das Schloß zu spiegeln.

Mosaïculture (franz.) Eine Pflanzweise im Frankreich des 17. Jahrhunderts; Einjährige und Beetpflanzen werden in geordneten Mustern angeordnet.

Parterre (franz.) Formal gehaltene Beete mit niedrigen Hecken, häufig Buchs, die regelmäßig angeordnet und oftmals durch Formschnitt, Urnen und andere Zierelemente unterstrichen werden.

Parterre de broderie (franz.) Ein Parterre, in dem die Hecken in Form langer fließender, komplizierter Muster angeordnet werden (wie in einer Stickerei).

Potager (franz.) Küchengarten, meist formal oder dekorativ angelegt.

Quincunx Zierelemente (Beete, Bäume), die in Kreuzform – wie die Fünf auf einem Würfel – angeordnet sind.

Biographische Angaben

André, Edouard François (1840–1911) Französischer Landschaftsgestalter, der Gärten in ganz Europa anlegte.

Blaikie, Thomas (1758–1838) Schottischer Landschaftsgestalter, der den Stil englischer Landschaftsgärten im Parc Monceau und in Bagatelle einführte.

Desgots, Claude (gest. 1732) Französischer Gartengestalter aus einer alten Familie königlicher Gärtner, der auch in England und Deutschland arbeitete.

Duchêne, Achille (1866–1947) Französischer Gartengestalter, der die Gärten in Vaux-le-Vicomte und Courances restaurierte; arbeitete auch in Deutschland und England.

Evelyn, John (1620–1706) Englischer Autor, der die Pflanzenzucht verbesserte und exotische Arten nach England einführte.

de La Quintinye, Jean Baptiste (1624–1668) Der Gärtner Ludwigs XIV., der den Küchengarten von Versailles gestaltete.

Lemercier, Jacques (ca. 1585–1654) Französischer Architekt, der, neben zahlreichen anderen Bauten, Teile des Louvres und der Sorbonne plante.

Le Nôtre, André (1613–1700) Einer der wichtigsten französischen Landschaftsarchitekten des Barock, der die Gärten von Vaux-le-Vicomte und Versailles anlegte.

Register

A
Adanson, Aglaé und Michel 107
Aix-en-Provence, Pavillon de Vendôme 126, 128
Albert I., Prinz von Monaco 133
Albertas, Jardin d' 126, 128
Albi: Palais de la Berbie 106
Parc de Rochegude 107
Alphand, J.-C. A. 93
André, Edouard 68
Anet, Château d' 51f., 54
Angers, Château d' 16
Anjou, Duc d' 76
Apremont, Parc Floral d' 17
Arbrissel, Robert d' 36
Armenonville, Fleurian d' 72
Artois, Comte d' 92, 94

B
Bagatelle 90, 92
Balaine, Arboretum de 107
Balleroy, Château de 17
Bambouseraie de Prafrance 126, 135
Baraudière, J. Boyceau de la 82
Barillet-Deschamps, J. 93, 130
Barres, Arboretum National des 104, 108
Bastard, Baron Henry de 115
Bastie d'Urfé, la 104, 108
Beaumont, Elie de 21
Bégon, Michel 122
Bélanger, F.-A. 92
Belleisle, Maréchal de 45
Benech, Louis 100f.
Berger, Patrick 94
Berthault, L.-M. 64
Bizy, Château de 45
Blaikie, Thomas 92, 98
Bois des Moutiers, le 13, 30ff.
Bordeaux: Jardin des Plantes 103
Jardin Public 109
Borély, Louis 130
Bossuet, Jacques-Bénigne 72
Bourges: Jardin de l'Archevêché 18
Jardin des Prés-Fichaux 18
Brécy, Château de 14, 19
Breteuil, Château de 54
Brissac, Gilles de 17
Brongniart 99
Brosse, Salomon de 97
Bühler, Denis 39, 64, 118
Bühler, Eugène 64, 118
Buffon, Comte de 96
Bussy-Rabutin, Château de 55

C
Caen, Jardin des Plantes 20
Campbell, Maybud 140
Canon, Château de 14, 21
Capiplante, Manoir 110
Caradeuc, Château de 22
Caraman, Comte Ernest de 64
Carmontelle 98
Carvallo, Dr. Joachim 48
Cassan, Pavillon Chinois 56
Cavelier de la Salle, René-Robert 93
Chalvet-Rochemonteix, Marquis de 119
Champs, Château de 52, 57
Chantilly, Château de 52, 57f.
Chartres, Duc de 90, 98
Chartres, Maison Picassiette 8, 58
Châteaubriand, François-René de 52, 59
Châteaubriand, Maison de 59
Chénereau, Pierre 121
Chenonceau, Château de 14, 22f.
Cherbourg, Parc Emmanuel Liais 23
Cheval, Facteur 111
Chevotet, Jean-Michel 79
Chèvreloup, Arboretum National de 7, 59, 85
Chevreuse, Duc de 64
Choppin de Janvry, Olivier 74
Colbert, Jean-Baptiste 52, 78
Côte d'Azur 125ff.
Courances, Château de 52, 60ff.
Courbon, Familie 121
Courson, Domaine de 64
Coutances, Jardin Public de 14, 24
Cribier, Pascal 100f.

D
Dampierre, Château de 52, 64
Denis, Maurice 77
Désert de Retz, le 52, 74
Desgots, Claude 45, 54, 57
Diane de Poitiers 22, 54
Duchêne, Achille 10, 26, 41, 54, 62f., 79
Duchêne, Henri 10, 54, 57
Dumaine, Henri 117
Dunkerque (Dünkirchen), Jardin du Musée d'Art Contemporain 13, 24
Duprat, Ferdinand 121

E
Eyrignac, Manoir d' 104, 112

F
Ferrières, Château de 52, 65, 136
Fischer, L.-B. 109
Fontainebleau, Château de 51f., 66
Fontevraud, Abbaye Royale de 10, 14, 25, 36
Forestier, J. C. N. 90, 92
Fouquet, Nicolas 52, 79
Francini, Alexandre 97
Francini, Thomas 76
Franz I., König 48, 51, 66

G
Gabriel, Ange-Jacques 86
Gaillac, Parc de Foucaud 113
Galissonière, Marquis de la 122
Gallard, Claude 60ff.
Ganay, Marquis de 62
La Garenne Lemot, Domaine de 114
Gérardin, Henri 116
Gignoux, Gerard Christmas 37
Girardin, Marquis René de 75
Giverny, Musée Claude Monet 46, 67
Gondi, Jean-François de 76
Gondi, Jérome de 76
Grancourt, P.-J. Bergeret de 56
Gravereaux, Jules 68, 92
Guevrekian, Gabriel 129

H
Haber, Baron de 62
Harcourt, Château d' 14, 41
Hardouin-Mansart, Jules 64, 71, 76, 83, 85
Haussmann, Baron 90, 93, 98
Hautefort, Château de 115
Haviland, Theodore 103, 120
Heftler, Jean-Marc 74
Hyères, Parc St-Bernard 129

I
Ile-de-France 51ff.
Isidore, Raymond 58

J
Jekyll, Gertrude 30, 32
Jeurre, Parc de 68f.
Jonchère, Arboretum de la 116
Joséphine, Kaiserin 68, 70
Jussieu, Bernard de 59, 96

K
Kahn, Albert 69
Kerdalo 7, 13, 26

L
Lamarck, Jean 96
Lamballe, Prinzessin von 72
Langeais, Château de 26
La Quintinye, J.-B. de 87

Laurent, André 116
Lautaret, Jardin Alpin du 126, 130
Le Breton, Jean 48
Le Brun, Charles 79, 82
Le Coeur, Jules 62
Le Nôtre, André 8, 10, 18, 39f., 45, 51, 52, 54, 57f., 64, 66, 72, 76ff., 82f., 85, 89, 100f.
Le Vau, Louis 79
Ledoux, C. N. 132
Lemercier, Jacques 39, 40
Lemot, Frédéric 114
Liais, Emmanuel 23
Limoges, Jardin de l'Evêché und Jardin Botanique 116f.
Luçon, Jardin Dumaine 8, 117
Ludwig IX., König 16
Ludwig XIII., König 82, 89, 96
Ludwig XIV., König 59, 71, 72, 78, 79, 82, 85, 87, 93, 122
Ludwig XV., König 9, 35, 86, 100
Ludwig XVI., König 22, 72, 73
Lutyens, Sir Edwin 30ff.
Lyon, Parc de la Tête d'Or 118

M
Malle, Château de 104, 119
Mallet, Guillaume 30, 33
Malmaison, Château de 68, 70
Marcel, Alexandre 27
Maréchal, Jean-Philippe 134
Marie-Antoinette, Königin 72f., 84f.
Marly, Domaine de 51f., 71, 100
Marnier-Lapostolle, M. 136
Marseille, Parc Borély 130
Massey, Placide 123
Maulévrier, Parc Oriental de 27
Meaux, Jardin Bossuet 72
Medici, Katharina von 10, 66, 89, 100
Medici, Maria von 89f., 97
Menton, Clos du Peyronnet 126, 131
Merville, Château de 104, 119f.
Mignard, Sauveur 132
Mignarde, Château de la 126, 132
Mique, Richard 84, 86
Miromesnil, Château de 28
Monaco, Jardin Exotique 126, 133
Monet, Claude 30, 33, 67
Mont-Méry, Parc de 103f., 116, 120
Mont-Saint-Michel, Jardin du Cloître 29
Monville, F. N. H. Racine de 74
Murray Scott, Sir Henry 92
Musée Départementale Albert Kahn 69

N
Nantes: Jardin des Plantes 13f., 35
Parc de la Beaujoire 34
Napoleon Bonaparte 66, 70, 92, 97, 100
Nîmes, Jardin de la Fontaine 8, 126, 134f.
Noailles, Charles und Marie-Laure de 129

O
Olmsted, Frederick Law 120
Orléans, Parc Floral de la Source 35f.
Orme, Philibert de l' 52, 54, 100

P
Palais Idéal du Facteur Cheval 111
Parc Floral de la Cour d'Aron 104, 111f.
Parc Foucaud 104
Parc Jean-Jacques Rousseau 10, 52, 75
Paris 89ff.
Bagatelle 90, 92
Cimetière du Père Lachaise 99
Jardin Cavelier de la Salle 93f.
Jardin des Plantes 89, 96
Jardins des Halles 95
Jardins du Luxembourg 90, 97
Jardins des Tuileries 89, 100f.
Parc André Citroën 8, 90, 94f.
Parc de la Villette 7, 10, 101
Parc des Buttes-Chaumont 90, 93
Parc Floral de Paris 99
Parc Monceau 90, 98
Les Serres d'Auteuil 100
Paxton, Sir Joseph 52, 65, 136
Peyronnet, Clos du 126, 131
Pin, Château du 37
Pizay, Château de 121
Plantbessin, Jardins de 38
Pompadour, Madame de 86
Prieuré Notre-Dame-d'Orsan, Les Jardins du 36

R
Rambouillet, Château de 51f., 72f.
Rennes, Parc du Thabor 39
Richelieu, Parc de 39f.
Robert, Hubert 68, 75
Roche-Courbon, Château de la 121f.
Rochefort, Corderie Royale 122
Rochegude, H. de Paschal de 107
Roseraie de L'Hay-les-Roses 68
Rothschild, Beatrix de 136ff.
Rothschild, Baron James de 65
Rothschild, Familie 52, 65
Rousseau, Jean-Jacques 75, 114

S
Saint-Cloud, Parc de 52, 76
Saint-Germain-en-Laye, Château de 51f., 77
Musée du Prieuré 77
Saint-Jean-de-Beauregard, Domaine de 78
Saint-Léon, Henri de 68f.
Sainte-Beuve, Hubert und Colette 38
Sassy, Château de 14, 41
Sceaux, Parc de 52, 78f.
Sturdza, Prinzessin 44

T
Taravella, Patrice 36
Tarbes, Jardin Massey 123
Thuret, Gustave 140
Thury-Harcourt, Château d'Harcourt 14, 41
Tours, Jardin Botanique 42
Tschumi, Bernard 101

U
Urfé, Claude d' 108
Ussé, Château d' 43

V
Le Vasterival 13, 44
Vaux-le-Vicomte, Château de 8, 52, 66, 79, 82
Vendôme, Duc de 128
Vernon, Château de Bizy 45
Versailles, Château de 7f., 46, 51, 52, 58f., 63, 77, 80ff.
Grand Trianon 85
Le Hameau 63, 84
Petit Trianon 86
Le Potager du Roi 87
Villa Ephrussi de Rothschild 126, 136ff.
Villa Thuret 126, 140
Villa Val Rahmeh 126, 140
Villandry, Château de 7, 14, 46ff.
Vilmorin, P. A. de 108

W
Wallace, Sir Richard 92
Waterfield, Humphrey 131
Waterfield, William 131
Wharton, Edith 125
Wirtz, Jacques 100f.
Wolkonsky, Prinz Peter 26

34,– 4/99

Danksagung

Viele Gartenbesitzer in ganz Frankreich haben mir geholfen – ich bin ihnen allen sehr dankbar. Auch für die Tips, welcher Garten einen Besuch lohnt, bin ich meinen Freunden dankbar. Für Hilfe, Ratschläge und Freundlichkeit der Verlagsmitarbeiter Jane Aspden, Guy Croton, Michèle Byam, Selina Mumford und Anna Nicholas danke ich sehr. Meine Frau Caroline war mir, wie immer, jederzeit eine wundervolle Hilfe.

Patrick Taylor, September 1997

Bildnachweis

Vorderer Schutzumschlag: Hugh Palmer
Hinterer Schutzumschlag: Mise au Point ur; Patrick Taylor mr, or; Caroline Taylor hintere Klappe

o=oben; u=unten; m=Mitte; r=rechts; l=links

EXPLORER/A. Philippon 140. Garden Picture Library/Erika Craddock 2/3, 33u, / Nigel Temple 74. Garden Matters 138o. Robert Harding Picture Library/Explorer 128, / JACOBS 49, /Roy Rainford 67, /Nedra Westwater 84. Lamontagne 26, 34. Mise au Point 36, /Yann Monel 94, /N. & P. Mioulane hinterer Schutzumschlag ul. Hugh Palmer vorderer Umschlag, Hauptbild, 14–15, 47ul, 61or, 121. Annette Schreiner 87. Scope/ Jean Luc Barde 22, 135, /Jacques Guillard 41, 60o, 61ol, 63o, 65, 81ol, 137u, /Michel Guillard 52–53, 85, 119, /Noel Hautemaniere 101, /Laurent Juvigny 95, /Daniele Taulin-Hommell 81or, /Guy Thouvenin 137o, /VMF/Galeron 17. Sygma /M. Pelletier 60u, 62. Caroline Taylor hinterer Umschlag. Patrick Taylor hinterer Umschlag ml, hinterer Umschlag ol, 1, 5, 7, 8, 9o, 9u, 10–11, 13, 16, 18, 19, 20, 21, 23, 24, 25, 27, 28, 29, 30u, 30o, 31u, 31o, 32, 33o, 35, 37, 38, 39, 40, 42, 43, 44, 45, 46, 47ur, 47o, 48, 51, 54, 55, 56, 57, 58, 59, 61u, 63u, 64, 66, 68, 69, 70, 71, 72, 73, 75, 76, 77, 78, 79, 80ur, 80ul, 80o, 81u, 82u, 82o, 83, 86, 89, 90–91, 92, 93, 96, 97, 98, 99, 100, 103, 104–105, 106, 107, 108, 109, 110, 111, 112, 113, 114, 115, 116, 117, 118, 120, 122, 123, 125, 126–7, 129, 130, 131, 132, 133, 134, 136o, 136u, 138u, 139